Delicias de Italia

Secretos Culinarios de la Bella Italia

Giovanni Bianchi

# Contenido

Pollo relleno en ragú ............................................................................................................... 9

Pollo frito .................................................................................................................................. 12

Pollo debajo de un ladrillo ................................................................................................... 15

Ensalada de pollo con limón ............................................................................................... 17

Ensalada de pollo con dos pimientos ............................................................................... 20

Ensalada de pollo al estilo piamonteso ............................................................................ 23

Pechuga de pavo rellena enrollada ................................................................................... 26

Pastel de carne de pavo escalfado ..................................................................................... 28

Rollitos de pavo en salsa de tomate al vino tinto .......................................................... 31

Magret de pato con higos agridulces ................................................................................ 34

Pato asado con especias ....................................................................................................... 37

Codornices en una sartén con boletus ............................................................................. 40

Codorniz a la parrilla ............................................................................................................ 43

Codorniz con tomate y romero .......................................................................................... 45

Codornices guisadas .............................................................................................................. 47

Filete a la parrilla, estilo florentino .................................................................................. 49

Filete con glaseado balsámico ............................................................................................. 51

Filete de concha con chalota, tocino y vino tinto ......................................................... 53

| | |
|---|---|
| Filete en rodajas con rúcula | 55 |
| Filetes de ternera con gorgonzola | 57 |
| Rollitos de carne rellenos de salsa de tomate | 59 |
| Carne y cerveza | 61 |
| Estofado de ternera y cebolla | 64 |
| Estofado de ternera con pimientos | 67 |
| Estofado de ternera friuli | 69 |
| Guiso de carne mixta al estilo cazador | 72 |
| Estofado de carne | 75 |
| Guiso de rabo de toro a la romana | 78 |
| Ensalada de col con ternera guisada | 81 |
| Berenjenas Rellenas De Carne | 84 |
| albóndigas napolitanas | 86 |
| Albóndigas con piñones y pasas | 88 |
| Albóndigas con repollo y tomates | 91 |
| Albóndigas al estilo Bolonia | 94 |
| Albóndigas en Marsala | 97 |
| Filete al estilo antiguo de Nápoles | 99 |
| Asado a la cacerola con vino tinto | 101 |
| Asado con cebolla y salsa para pasta | 103 |
| Rollito de ternera siciliano relleno | 106 |
| Lomo asado con salsa de aceitunas | 110 |

Carne Hervida Mixta. ................................................................................................................ 112

Chuletas de cerdo marinadas a la parrilla ............................................................................ 116

Costillas Al Estilo Friuli ......................................................................................................... 118

Costillas con salsa de tomate .............................................................................................. 120

Costillas especiadas al estilo toscano ................................................................................. 122

Costillas y Frijoles ................................................................................................................ 124

Chuletas de cerdo picantes con pimientos encurtidos ....................................................... 126

Chuletas de cerdo con romero y manzanas ........................................................................ 128

Chuletas de cerdo con champiñones y salsa de tomate .................................................... 130

Chuletas de cerdo con boletus y vino tinto ......................................................................... 132

Chuletas de cerdo con repollo ............................................................................................ 134

Chuletas de cerdo con hinojo y vino blanco ....................................................................... 136

Chuletas de cerdo, estilo pizza ............................................................................................ 138

Chuletas de cerdo al estilo molise ...................................................................................... 140

Lomo de cerdo glaseado con balsámico con rúcula y parmigiano .................................... 142

Lomo de cerdo con hierbas ................................................................................................. 145

Lomo de cerdo de Calabria con miel y chile ....................................................................... 147

Cerdo asado con patatas y romero ..................................................................................... 150

Lomo de cerdo al limón ....................................................................................................... 152

Lomo de cerdo con manzanas y grappa ............................................................................. 155

Cerdo asado con avellanas y nata ...................................................................................... 157

lomo de cerdo toscano ........................................................................................................ 160

Paletilla de cerdo asada con hinojo ... 162

Carne de cerdo ... 164

Cerdo asado deshuesado y sazonado ... 167

Paletilla de cerdo a la plancha en leche ... 170

Paletilla de cerdo estofada con uvas ... 172

Paletilla de cerdo a la cerveza ... 174

Chuletas de cordero al vino blanco ... 176

Chuletas de cordero con alcaparras, limón y salvia ... 178

Chuletas de cordero crujientes ... 180

Chuletas de cordero con alcachofas y aceitunas ... 182

Chuletas de cordero con salsa de tomate, alcaparras y anchoas ... 184

Quema tus dedos chuletas de cordero ... 186

Cordero a la brasa al estilo basílica ... 188

Brochetas de cordero a la parrilla ... 190

Guiso de cordero con romero, menta y vino blanco ... 192

Estofado de cordero de Umbría con puré de garbanzos ... 195

Cordero al estilo cazador ... 198

Guiso de cordero, patatas y tomates ... 201

Guiso de cordero y pimientos ... 203

Cazuela De Cordero Con Huevos ... 205

Cordero o cabra con patatas, a la siciliana ... 208

Cazuela de patatas y cordero de Apulia ... 211

Pierna de Cordero con Garbanzos ............................................................................................................ 214

Pierna de cordero con pimientos y prosciutto ...................................................................................... 216

Pierna de Cordero con Alcaparras y Aceitunas ..................................................................................... 219

# Pollo relleno en ragú

## Pollo Ripieno con Ragú

**Rinde 6 porciones**

*Así hacía mi abuela el pollo para las fiestas y ocasiones especiales. El relleno no solo le da sabor al pollo por dentro, sino que cualquier relleno que se vierta en la salsa le da un sabor extra.*

*Una generosa cantidad de salsa rodeará el pollo. Puedes dejarlo a un lado para servirlo con pasta en otra mesa.*

8 onzas de espinacas, picadas

8 onzas de carne molida

1 huevo grande, batido

¼ taza de pan rallado seco

1/4 taza de pecorino romano recién rallado

Sal y pimienta negra recién molida

1 pollo (3 1/2 a 4 libras)

2 cucharadas de aceite de oliva

1 cebolla mediana picada

1/2 taza de vino blanco seco

1 lata (28 onzas) de tomates pelados, molidos

1 hoja de laurel

1. Coloca las espinacas en una olla grande a fuego medio con 1/4 taza de agua. Tape y cocine de 2 a 3 minutos o hasta que estén tiernos y tiernos. Escurrir y enfriar. Envuelva las espinacas en un paño sin pelusa y exprima la mayor cantidad de agua posible. Picar finamente las espinacas.

2. En un tazón grande, combine las espinacas picadas, la carne, el huevo, el pan rallado, el queso y la sal y pimienta al gusto. Revuelva bien.

3. Enjuague el pollo y séquelo. Espolvorea por dentro y por fuera con sal y pimienta. Llene suavemente la cavidad del pollo con el relleno.

4. En una cacerola grande y pesada, calienta el aceite a fuego medio. Agrega el pollo con la pechuga hacia abajo. Cocine por 10 minutos o hasta que estén dorados. Voltee la pechuga de pollo hacia arriba. Extiende la cebolla alrededor del pollo y dóralo durante unos 10 minutos más. Extienda el relleno restante

alrededor del pollo. Agregue el vino y cocine a fuego lento durante 1 minuto. Vierta los tomates, la hoja de laurel y sal y pimienta al gusto sobre el pollo. Baja el fuego y tapa parcialmente la sartén. Cocine por 30 minutos.

**5.** Con cuidado voltea el pollo. Cocine a fuego lento parcialmente tapado durante otros 30 minutos. Si la salsa está demasiado líquida, abre la sartén. Cocine por otros 15 minutos o hasta que el pollo se desprenda del hueso al probarlo con un tenedor.

**6.** Retire el pollo de la salsa. Corta el pollo y colócalo en un plato. Retire la grasa de la salsa con una cuchara grande o un separador de grasa. Vierte un poco de salsa sobre el pollo y sirve caliente.

# *Pollo frito*

## *Arrosto De Pollo Al Bollito*

**Rinde 4 porciones**

*Leona Ancona Cantone, una amiga del instituto, me contó que su madre, cuya familia era de Abruzzo, hacía muchos años algo parecido. Imagino que la receta surgió como una forma de sacarle el máximo partido al pollo, ya que aporta tanto caldo como carne asada. El método de hervido y asado la convierte en un ave muy tierna.*

1 pollo (3 1/2 a 4 libras)

1 zanahoria

1 costilla de apio

1 cebolla pelada

4 o 5 ramitas de perejil

Sal

2/3 taza de pan rallado

1/3 taza de Parmigiano-Reggiano recién rallado

1/2 cucharadita de orégano seco, picado

2 a 3 cucharadas de aceite de oliva

2 cucharadas de jugo de limón

Pimienta negra recién molida

1. Coloca las puntas de las alas en la parte trasera. Coloque el pollo en una olla grande y agregue agua fría hasta cubrirlo. Lleva el líquido a ebullición y cocina por 10 minutos. Retirar la espuma con una cuchara grande.

2. Agrega la zanahoria, el apio, la cebolla, el perejil y sal al gusto. Cocine a fuego medio-bajo hasta que el pollo esté tierno al pincharlo con un tenedor en la parte más gruesa del muslo y el jugo salga claro, aproximadamente 45 minutos. Retire el pollo de la olla. (Puede agregar más ingredientes, como carne o pollo, al caldo y cocinar por otros 60 minutos aproximadamente. Cuela y refrigera o congela el caldo para sopas u otros usos).

3. Coloca una rejilla en el centro del horno. Precaliente el horno a 450 °F. Engrase una bandeja para hornear grande.

4. En un plato mezcla pan rallado, queso, orégano, aceite de oliva, jugo de limón y sal y pimienta al gusto.

**5.** Con unas tijeras de cocina pesadas, corte el pollo en trozos para servir. Sumerja el pollo en las migajas, dándole palmaditas para que se adhiera. Coloca el pollo en la sartén preparada.

**6.** Hornee por 30 minutos o hasta que la corteza esté dorada y crujiente. Servir caliente oa temperatura ambiente.

# Pollo debajo de un ladrillo

## Mattone de pollo

**Rinde 2 porciones**

*El pollo partido y aplanado, cocido bajo peso, queda crujiente por fuera y jugoso por dentro. En Toscana, puedes comprar un disco especial de terracota pesado que aplana el pollo y lo mantiene uniformemente contra la superficie de la sartén. Utilizo una sartén pesada de hierro fundido, cubierta por fuera con papel de aluminio, como peso, pero los ladrillos normales envueltos en papel de aluminio también funcionarán bien. Es importante utilizar un pollo muy joven o incluso una gallina de Cornualles en esta receta; De lo contrario, el exterior se secará antes de que se cocine la carne cerca del hueso.*

1 pollo pequeño (unos 3 kg)

Sal y pimienta negra recién molida

⅓ taza de aceite de oliva

1 limón cortado en rodajas

1. Seque el pollo con palmaditas. Con un cuchillo de chef grande o unas tijeras para aves, divida el pollo a lo largo de la columna.

Sobre una tabla de cortar, abre el pollo como si fuera un libro. Cortar el hueso de la quilla que separa las pechugas. Retire las puntas de las alas y la segunda sección de las alas de la articulación. Aplana el pollo golpeándolo suavemente con un mazo de goma u otro objeto pesado. Espolvorea generosamente por ambos lados con sal y pimienta.

2. Elija una sartén que contenga el pollo aplanado y el peso. Elija una segunda sartén o una sartén pesada que pueda presionar uniformemente el pollo. Cubra el fondo con papel de aluminio, doblando los bordes del papel sobre el interior de la sartén para asegurarlo. Si es necesario para aumentar el peso, llene el molde forrado con papel de aluminio con ladrillos.

3. Vierte el aceite en la sartén y calienta a fuego medio. Agrega la piel del pollo hacia abajo. Pon el peso encima. Cocine hasta que la piel esté dorada, de 12 a 15 minutos.

4. Desliza una espátula fina debajo del pollo para soltarlo de la sartén. Con cuidado, voltee el pollo con la piel hacia arriba. Vuelva a colocar el peso y cocine el pollo hasta que los jugos salgan claros al perforar el muslo, unos 12 minutos más. Se sirve caliente con rodajas de limón.

# *Ensalada de pollo con limón*

## *Ensalada De Pollo Al Limón*

**Rinde 6 porciones**

*Un día muy caluroso de verano cuando estaba en Bordighera en Liguria, cerca de la frontera francesa, me detuve en un café para almorzar y protegerme del sol. El camarero me recomendó esta ensalada de pollo recién hecha, que me recordó a la salade niçoise que comí unos días antes en Francia. El atún enlatado es típico de Niza, pero esta versión italiana con pollo también es buena.*

*Esta es una ensalada de pollo rápida, así que uso pechugas de pollo, pero se puede hacer con pollo entero. El pollo se puede cocinar con anticipación y marinar con el aderezo, pero las verduras saben mejor si no se refrigeran después de cocinarlas. Puedes mantenerlos a temperatura ambiente durante aproximadamente una hora hasta que estés listo para preparar la ensalada.*

4 tazas caseras<u>Sopa de pollo</u>, o una mezcla de caldo comprado en la tienda y agua.

4 a 6 patatas pequeñas cerosas, como Yukon Gold

8 onzas de judías verdes, cortadas en trozos de 1 pulgada

Sal

2 kilos de pechuga de pollo deshuesada, sin piel y sin grasa

**Vendaje**

1/2 taza de aceite de oliva virgen extra

2 cucharadas de jugo de limón fresco o al gusto

1 cucharada de alcaparras, escurridas, escurridas y picadas

1/2 cucharadita de orégano seco, picado

Sal y pimienta negra recién molida

2 tomates medianos, rebanados

1. Prepara el caldo, si es necesario. Pon las patatas en una cacerola. Agregue agua fría para cubrir. Tapa la cacerola y deja hervir el agua. Cocine hasta que estén tiernos al pincharlos con un cuchillo, aproximadamente 20 minutos. Escurrir las patatas y dejarlas enfriar un poco. Limpiar la piel.

2. Ponga a hervir una cacerola mediana con agua. Agrega las judías verdes y sal al gusto. Cocine hasta que los frijoles estén suaves, aproximadamente 10 minutos. Escurrir los frijoles y enfriar con agua corriente. Los frijoles se secan.

**3.** En una cacerola grande, hierva el caldo (si no está recién hecho). Agrega la pechuga de pollo y tapa la sartén. Cocine, volteando el pollo una vez, 15 minutos, o hasta que el jugo del pollo salga claro al pincharlo con un tenedor. Escurre las pechugas de pollo reservando el caldo para otro uso. Corta el pollo en forma transversal y colócalo en un tazón mediano.

**4.** En un tazón pequeño, mezcle los ingredientes del aderezo. Vierte la mitad del aderezo sobre el pollo. Mezcle bien los trozos para cubrirlos. Prueba y ajusta el sazón. Coloque el pollo en el centro de un plato grande. Cubra y enfríe por hasta 2 horas.

**5.** Coloque las judías verdes, las patatas y los tomates alrededor del pollo. Rocíe con la salsa restante y sirva inmediatamente.

# Ensalada de pollo con dos pimientos

## Ensalada de pollo con pepperoni

**Rinde de 8 a 10 porciones**

*Tanto los pimientos morrones asados como los pimientos cherry encurtidos picantes añaden interés a esta ensalada. Si no hay chiles cherry disponibles, sustitúyalos por otro pimiento encurtido como jalapeño o pepperoncino. Los pimientos asados en frascos son convenientes si no tienes tiempo para asarlos tú mismo. Esta receta produce mucho pollo, por lo que es ideal para una fiesta. Si lo prefieres, la receta se puede reducir a la mitad fácilmente.*

2 pollos pequeños (de unos 3 kg cada uno)

2 zanahorias

2 costillas de apio

1 cebolla

Unas ramitas de perejil

Sal

6 granos de pimienta negra

6 campana roja o amarilla Pimientos asados, pelado y cortado en tiras finas

**Aderezo**

1/2 taza de aceite de oliva

3 cucharadas de vinagre de vino

1/4 taza de perejil fresco picado

2 cucharadas de pimientos cherry encurtidos finamente picados o al gusto

1 diente de ajo finamente picado

4 a 6 tazas de verduras mixtas

1. Coloque el pollo en una olla grande y agregue agua fría hasta cubrirlo. Lleva el líquido a ebullición y cocina por 10 minutos. Con una cuchara desnatar y desechar la espuma que sube a la superficie.

2. Agrega la zanahoria, el apio, la cebolla, el perejil y sal al gusto. Cocine a fuego medio-bajo hasta que el pollo esté tierno y los jugos salgan claros, aproximadamente 45 minutos.

3. Mientras tanto, asa los pimientos morrones, si es necesario. Cuando el pollo esté cocido, retíralo de la olla. Reserva el caldo para otro uso.

**4.** Deje que el pollo se escurra y se enfríe. Retire la carne. Corta la carne en trozos de 2 pulgadas y colócalos en un bol con el pimiento asado.

**5.** En un tazón mediano, mezcle los ingredientes de la salsa. Rocíe la mitad de la salsa sobre el pollo y los pimientos y revuelva bien. Cubra y refrigere por hasta 2 horas.

**6.** Justo antes de servir, mezcle el pollo con la salsa restante. Pruebe y ajuste la sazón, agregando más vinagre si es necesario. Coloca las verduras en una fuente para servir. Cubra con pollo y pimientos. Servir inmediatamente.

# Ensalada de pollo al estilo piamonteso

## Ensalada de pollo piamontesa

**Rinde 6 porciones**

*En la región del Piamonte, las comidas en los restaurantes suelen comenzar con una larga serie de antipasti. Así que probé esta ensalada por primera vez en Belvedere, un restaurante clásico de la región. Me gusta servirlo como plato principal para el almuerzo en primavera o verano.*

*Para una comida rápida, prepare esta ensalada con pollo asado comprado en la tienda en lugar de pollo escalfado. El pavo asado también estaría bueno.*

1 pollo (3 1/2 a 4 libras)

2 zanahorias

2 costillas de apio

1 cebolla

Unas ramitas de perejil

Sal

6 granos de pimienta negra

8 onzas de champiñones blancos, en rodajas finas

2 costillas de apio, en rodajas finas

1/4 taza de aceite de oliva

1 lata (2 onzas) de filetes de anchoa, escurridos y picados

1 cucharadita de mostaza Dijon

2 cucharadas de jugo de limón recién exprimido

Sal y pimienta negra recién molida

Aproximadamente 6 tazas de verduras para ensalada, picadas en trozos pequeños

Un pequeño trozo de Parmigiano-Reggiano

1. Coloque el pollo en una olla grande y agregue agua fría hasta cubrirlo. Lleva el líquido a ebullición y cocina por 10 minutos. Con una cuchara grande, retire la espuma que suba a la superficie.

2. Agrega las zanahorias, el apio, la cebolla, el perejil y sal al gusto. Cocine a fuego medio-bajo hasta que el pollo esté tierno y los

jugos salgan claros, aproximadamente 45 minutos. Retire el pollo de la olla. Reserva el caldo para otro uso.

3. Deje que el pollo se escurra y se enfríe un poco. Retire la carne de la piel y los huesos. Corta la carne en trozos de 2 pulgadas.

4. En un tazón grande, combine los trozos de pollo, los champiñones y el apio en rodajas finas.

5. En un tazón mediano, mezcle el aceite, las anchoas, la mostaza, el jugo de limón y sal y pimienta al gusto. Mezcla la mezcla de pollo con el aderezo. Extiende la lechuga en un plato y cubre con la mezcla de pollo.

6. Con un pelador de verduras con cuchilla giratoria, ralle el Parmigiano-Reggiano sobre la ensalada. Servir inmediatamente.

# Pechuga de pavo rellena enrollada

## Rollata de Tacchino

**Rinde 6 porciones**

*Las mitades de pechuga de pavo son fáciles de encontrar en la mayoría de los supermercados. En este plato de Emilia-Romaña, después de deshuesar y aplanar la pechuga de pavo, la carne se enrolla y se fríe con la piel cubierta para mantenerla húmeda. Sirve el bistec tibio o frío. También es un buen snack servido con mayonesa de limón.*

½ pechuga de pavo (aproximadamente 2 1/2 libras)

1 diente de ajo finamente picado

1 cucharada de romero recién picado

Sal y pimienta negra recién molida

2 onzas de prosciutto italiano importado, en rodajas finas

2 cucharadas de aceite de oliva

1. Coloca una rejilla en el centro del horno. Precaliente el horno a 350 ° F. Engrase una bandeja para hornear pequeña.

2. Con un cuchillo afilado, retira la piel del pavo en una sola pieza. Guardarlo. Corta la pechuga de pavo del hueso. Coloque la pechuga con el hueso hacia arriba sobre una tabla de cortar. Comenzando por un lado largo, corte la pechuga de pavo por la mitad a lo largo y deteniéndose inmediatamente por el otro lado largo. Abre la pechuga de pavo como en el libro. Aplana el pavo con un mazo para carne hasta que tenga aproximadamente 1/2 pulgada de grosor.

3. Espolvorea el pavo con ajo, romero y sal y pimienta al gusto. Coloque el prosciutto encima. Comenzando por el lado largo, enrolle la carne hasta formar un cilindro. Coloque la piel del pavo encima del rollo. Ate el rollo con hilo de cocina a intervalos de 2 pulgadas. Coloque el rollo con la costura hacia abajo en el molde preparado. Rocíe con aceite y espolvoree con sal y pimienta.

4. Ase el pavo durante 50 a 60 minutos o hasta que la temperatura interna de la carne indique 155 °F en un termómetro de lectura instantánea. Deje reposar 15 minutos antes de cortar. Servir caliente oa temperatura ambiente.

# Pastel de carne de pavo escalfado

## Polpettone di Tacchino

**Rinde 6 porciones**

En Italia, el pavo suele cortarse en trozos o molerse en lugar de asarse entero. Este pan piamontés se escalfa, lo que le da una textura más parecida a la de un paté.

Este pan está bueno frío o caliente. Servir con _salsa verde_, o una salsa de tomate fresco.

4 o 5 rebanadas de pan italiano, sin corteza y cortadas en trozos (aproximadamente 1 taza)

1/2 taza de leche

2 cucharadas de perejil fresco picado

1 diente de ajo grande

4 onzas de tocino, picado

1/2 taza de Parmigiano-Reggiano recién rallado

Sal y pimienta negra recién molida

1 kilogramo de pavo molido

2 huevos grandes

¼ taza de pistachos, sin cáscara y picados en trozos grandes

1. Remoja el pan en leche fría durante 5 minutos o hasta que esté suave. Exprime suavemente el pan y colócalo en un procesador de alimentos equipado con una cuchilla de acero. Deseche la leche.

2. Agrega el perejil, el ajo, la panceta, el queso y sal y pimienta al gusto. Procese hasta que esté finamente picado. Agrega el pavo y los huevos y mezcla hasta que quede suave. Agrega los pistachos con una espátula.

3. Coloque un trozo de paño húmedo de 14 x 12 pulgadas sobre una superficie plana. Forme una hogaza de 8×3 pulgadas con la mezcla de pavo y céntrela en la tela. Envuelve el paño alrededor del pavo y envuélvelo por completo. Con hilo de cocina, ate el pan a intervalos de 2 pulgadas como lo haría con un filete.

4. Llena una olla grande con 3 litros de agua fría. Lleva el líquido a ebullición.

**5.** Agregue el pan y escalfe, parcialmente tapado, durante 45 minutos o hasta que el jugo salga claro al perforar el pan en el centro con un tenedor.

**6.** Retira el pan del líquido y déjalo enfriar durante 10 minutos. Desenvolver y cortar para servir.

# Rollitos de pavo en salsa de tomate al vino tinto

## Rollatini en salsa de vino rosado

**Rinde 4 porciones**

*Cuando me casé por primera vez, una vecina me dio esta receta de la región natal de su familia, Puglia. He jugado con él a lo largo de los años y aunque usaba chuletas de ternera, prefiero hacerlo con pavo. Los panecillos se pueden preparar con anticipación y refrigerar. Se recalientan muy bien uno o dos días después.*

4 onzas de carne molida o pavo

2 onzas de tocino, finamente picado

1/4 taza de perejil fresco picado

1 diente de ajo pequeño, finamente picado

1/4 taza de pan rallado seco

Sal y pimienta negra recién molida

1 1/4 libras de chuletas de pavo en rodajas finas, cortadas en 12 trozos

2 cucharadas de aceite de oliva

1/2 taza de vino tinto seco

2 tazas de tomates frescos, pelados, sin hueso y picados, o tomates enlatados, escurridos y picados

Una pizca de pimiento rojo molido

**1.** En un tazón grande, combine la ternera, la panceta, el perejil, el ajo, el pan rallado y sal y pimienta al gusto. Forme con la mezcla 12 salchichas pequeñas de aproximadamente 3 pulgadas de largo. Coloque una salchicha al final de una chuleta de pavo. Enrolle la carne para encerrar la salchicha. Con un palillo, fije el rollo en el centro, paralelo al rollo. Repita con las salchichas y chuletas restantes.

**2.** En una sartén mediana, calienta el aceite de oliva a fuego medio. Añade los panecillos y dóralos por todos lados durante unos 10 minutos. Añadir el vino y llevar a ebullición. Cocine por 1 minuto, volteando los panecillos.

**3.** Añade los tomates, sal al gusto y una pizca de pimiento rojo molido. Reduzca el fuego a bajo. Cubra parcialmente la sartén. Cocine, agregando un poco de agua tibia según sea necesario para evitar que la salsa se seque demasiado, durante 20 minutos o hasta que los panecillos estén tiernos al pincharlos con un tenedor.

**4.** Transfiera los panecillos a un plato. Retira los palillos y vierte la salsa encima. Se sirve caliente.

# Magret de pato con higos agridulces

## Petto di Anatra con Agrodolce di Fichi

**Rinde 4 porciones**

*Esta receta piamontesa contemporánea de pechuga de pato salteada con higos y vinagre balsámico es perfecta para una cena especial. La pechuga de pato queda mejor cuando se cocina a fuego medio y aún está rosada en la parte más gruesa. Sirva con espinacas con mantequilla y patatas gratinadas.*

2 pechugas de pato deshuesadas (de unos 2 kg cada una)

Sal y pimienta negra recién molida

8 higos frescos maduros, verdes o negros, o higos secos

1 cucharada de azúcar

1/4 taza de vinagre balsámico añejo

1 cucharada de mantequilla sin sal

1 cucharada de perejil fresco picado

**1.** Saca la pechuga de pato del frigorífico 30 minutos antes de cocinarla. Enjuague la pechuga de pato y séquela. Haga 2 o 3 cortes diagonales en la piel de la pechuga de pato sin cortar la carne. Espolvorea generosamente con sal y pimienta.

2. Mientras tanto, corta los higos frescos por la mitad o en cuartos si son grandes. Si usa higos secos, remójelos en agua tibia hasta que estén gruesos, de 15 a 30 minutos. Escurrir y luego cortar en cuartos.

3. Coloca una rejilla en el centro del horno. Precaliente el horno a 350 ° F. Prepare una bandeja para hornear pequeña.

4. Calienta una sartén antiadherente grande a fuego medio-alto. Añade la pechuga de pato con la piel hacia abajo. Cocine el pato sin darle la vuelta hasta que esté bien dorado por el lado de la piel, 4-5 minutos.

5. Engrasar la bandeja de horno con un poco de grasa de pato de la bandeja. Coloque la pechuga de pato con la piel hacia arriba en la sartén y ase durante 5 a 6 minutos, o hasta que la carne esté rosada cuando se corta por la parte más gruesa.

6. Mientras el pato está en el horno, retira la grasa de la sartén, pero no la limpies. Agrega los higos, el azúcar y el vinagre balsámico. Cocine, girando la sartén, hasta que el líquido se espese un poco, aproximadamente 2 minutos. Retíralo del fuego y agrega la mantequilla.

**7.** Cuando estén listas, coloque las pechugas de pato en una tabla de cortar. Corta las pechugas en rodajas diagonales de 3/4 de pulgada. Coloque las rebanadas en 4 platos calientes para servir. Vierta la salsa de higos. Espolvorea con perejil y sirve inmediatamente.

## Pato asado con especias

### Especies de pato allo

**Rinde de 2 a 4 porciones**

*En Piamonte, los patos salvajes se cocinan con vino tinto, vinagre y especias. Debido a que la variedad de patos pekineses domésticos disponibles en los Estados Unidos es muy grasosa, adapté esta receta para asar. No hay mucha carne en un pato, así que espere comer solo dos porciones grandes o cuatro pequeñas. Las tijeras para aves son muy útiles para cortar el pato en trozos para servir.*

1 pato (alrededor de 5 libras)

2 dientes de ajo, picados

2 cebollas medianas en rodajas finas

1 cucharada de romero recién picado

3 dientes enteros

1/2 cucharadita de canela molida

1/4 taza de vino tinto seco

2 cucharadas de vinagre de vino tinto

1. Con un tenedor, pinche toda la piel para permitir que la grasa escape mientras se cocina. Tenga cuidado de perforar sólo la superficie de la piel y evite perforar la carne.

2. En un tazón mediano, mezcla el ajo, la cebolla, el romero, los clavos y la canela. Extienda aproximadamente un tercio de la mezcla en una fuente para hornear mediana. Coloca el pato en la sartén y rellena con un poco de la mezcla. Vierta el resto de la mezcla sobre el pato. Cubra y refrigere durante la noche.

3. Coloca una rejilla en el centro del horno. Precaliente el horno a 325 ° F. Retire los ingredientes de la marinada del pato y colóquelos en la sartén. Ase la pechuga de pato hacia abajo durante 30 minutos.

4. Voltee la pechuga de pato y vierta el vino y el vinagre. Ase durante 1 hora, rociando cada 15 minutos con el líquido de la sartén. Aumente la temperatura del horno a 400 ° F. Ase durante 30 minutos más o hasta que el pato esté bien dorado y la temperatura en el muslo registre 175 ° F en un termómetro de lectura instantánea.

5. Transfiera el pato a una tabla de cortar. Cubrir con papel de aluminio y dejar reposar durante 15 minutos. Colar el jugo de la

sartén y quitar la grasa con una cuchara. Vuelva a calentar los jugos de la sartén si es necesario.

**6.**Cortar el pato en trozos para servir y servir caliente con su jugo.

## *Codornices en una sartén con boletus*

## *Quaglie en sartenes con champiñones porcini*

**Rinde de 4 a 8 porciones**

*En Buttrio, en Friuli-Venezia Giulia, mi marido y yo comimos en la Trattoria Al Parco, un restaurante que funciona desde los años 20. El corazón del restaurante es el fogolar, una enorme chimenea típica de las casas de esta zona. . Los habitantes de Friuli a menudo recuerdan gratos recuerdos de la infancia, de noches pasadas alrededor del fuego, cocinando y contando historias. La hoguera de Al Parco se enciende todas las noches y se utiliza para asar carne y champiñones. La noche que estuve allí, la especialidad eran pajaritos en una rica salsa de champiñones.*

1 onza de champiñones porcini secos (aproximadamente 3/4 taza)

2 tazas de agua caliente

8 codornices, preparadas como se indica en el extremo derecho

8 hojas de salvia

4 rebanadas de tocino

Sal y pimienta negra recién molida

2 cucharadas de mantequilla sin sal

1 cucharada de aceite de oliva

1 cebolla pequeña, finamente picada

1 zanahoria finamente picada

1 costilla de apio tierno, finamente picado

1/2 taza de vino blanco seco

2 cucharaditas de pasta de tomate

1. Remojar los champiñones en agua durante al menos 30 minutos. Retirar los champiñones del agua reservando el líquido. Enjuague los champiñones con agua corriente fría, prestando especial atención a los extremos del tallo, donde se acumula la suciedad. Cuela el líquido de los champiñones reservado a través de una gasa o un filtro de papel para café en un bol. Picar los champiñones en trozos grandes. Dejar de lado.

2. Enjuagar las codornices por dentro y por fuera y secar bien. Compruébalos en busca de plumas y retíralos. Poner en su interior un trozo de tocino, una hoja de salvia y una pizca de sal y pimienta.

3. En una sartén grande, calienta la mantequilla y el aceite a fuego medio. Agregue las codornices y cocine, volteándolas ocasionalmente, hasta que estén bien doradas por todos lados, aproximadamente 15 minutos. Transfiera las codornices a un plato. Agrega la cebolla, la zanahoria y el apio a la sartén. Cocine, revolviendo con frecuencia, durante 5 minutos o hasta que esté suave.

4. Agregue el vino y cocine a fuego lento durante 1 minuto. Agrega los champiñones, la pasta de tomate y el líquido de los champiñones. Pon las codornices en la sartén. Espolvorear con sal y pimienta.

5. Lleva el líquido a ebullición. Reduzca el fuego a bajo. Tape y cocine, volteando y rociando las codornices de vez en cuando, aproximadamente 1 hora o hasta que las aves estén muy tiernas al pincharlas con un tenedor.

6. Si hay demasiado líquido en la sartén, retire las codornices a una fuente para servir y cúbralas con papel de aluminio para mantenerlas calientes. Sube el fuego a alto y hierve el líquido hasta que reduzca. Vierte la salsa sobre las codornices y sirve inmediatamente.

# Codorniz a la parrilla

## Calidad alla Griglia

**Sirve de 2 a 4**

*El restaurante La Badia en Orvieto está especializado en carnes a la parrilla de leña. Salchichas, aves y grandes filetes giran lentamente sobre las llamas, llenando el restaurante de deliciosos aromas. Estas codornices, cocinadas a la parrilla o al espetón, están inspiradas en las que comíamos en Umbría. Las aves quedan crujientes por fuera y jugosas por dentro.*

4 codornices, descongeladas si están congeladas

1 diente de ajo grande, finamente picado

1 cucharada de romero recién picado

1/4 taza de aceite de oliva

Sal y pimienta negra recién molida

1 limón cortado en rodajas

1. Enjuagar las codornices por dentro y por fuera y secar bien. Compruébalos en busca de plumas y retíralos. Con unas tijeras para aves, corte la codorniz por la mitad a lo largo del lomo y el

esternón. Golpee suavemente las mitades de codornices con un mazo para carne o un mazo de goma para aplanarlas ligeramente.

2.En un tazón grande, combine el ajo, el romero, el aceite, la sal y la pimienta al gusto. Agregue las codornices al tazón y revuelva para cubrir. Cubra y refrigere de 1 hora a toda la noche.

3.Coloque una parrilla o asador a unas 5 pulgadas de la fuente de calor. Precaliente la parrilla o el asador.

4.Ase o ase las mitades de codornices hasta que estén bien doradas por ambos lados, aproximadamente 10 minutos. Se sirve caliente con rodajas de limón.

# Codorniz con tomate y romero

## Quaglie en salsa

**Rinde de 4 a 8 porciones**

*Molise, situada en la costa del Adriático, en el sur de Italia, es una de las regiones menos conocidas del país. Es principalmente agrícola, con pocas instalaciones turísticas, y hasta la década de 1960 formaba parte de la región combinada de Abruzzo y Molise. Mi esposo y yo fuimos a visitar Majo di Norante, una bodega y agroturismo (una granja o bodega en funcionamiento que también funciona como posada) que produce algunos de los mejores vinos de la región.*

*Comí codornices preparadas en una salsa ligera de tomate aromatizada con romero en la Vecchia Trattoria da Tonino en Campobasso. Pruébelo con un vino Majo di Norante, como un sangiovese.*

1 cebolla pequeña picada

2 onzas de tocino picado

2 cucharadas de aceite de oliva

8 codornices congeladas frescas o descongeladas

1 cucharada de romero recién picado

Sal y pimienta negra recién molida

3 cucharadas de pasta de tomate

1 taza de vino blanco seco

1. En una sartén grande con tapa hermética, cocine la cebolla y la panceta en aceite de oliva a fuego medio hasta que la cebolla esté dorada, aproximadamente 10 minutos. Empuje los ingredientes hacia los lados de la sartén.

2. Enjuagar las codornices por dentro y por fuera y secar bien. Compruébalos en busca de plumas y retíralos. Agregue las codornices a la sartén y dore por todos lados, aproximadamente 15 minutos. Espolvorea con romero y sal y pimienta al gusto.

3. En un tazón pequeño, mezcle la pasta de tomate y el vino. Vierte la mezcla sobre las codornices y mezcla bien. Reduzca el fuego a bajo. Tape y cocine, volteando las codornices de vez en cuando, durante unos 50 minutos o hasta que estén muy tiernas al pincharlas con un tenedor. Se sirve caliente.

# Codornices guisadas

## Guiso de Quaglie

**Rinde 4 porciones**

*Gianni Cosetti es el chef y propietario del Restaurante Roma en Tolmezzo, en la región montañosa de Carnia en Friuli-Venezia Giulia. Es famoso por sus interpretaciones modernas de recetas tradicionales e ingredientes locales. Cuando comí allí, me dijo que esta receta se elabora tradicionalmente con aves de caza menor que eran capturadas a su paso por la región en su migración anual. Hoy en día, Gianni utiliza únicamente aves de caza frescas y las envuelve en una chaqueta de panceta para que permanezcan húmedas y tiernas mientras se cocinan. Recomendó acompañarlos con un schioppetino, un vino tinto del Friuli.*

8 codornices

16 bayas de enebro

Unas 16 hojas frescas de salvia

4 dientes de ajo, cortados en rodajas finas

Sal y pimienta negra recién molida

8 lonchas finas de tocino

2 cucharadas de mantequilla sin sal

2 cucharadas de aceite de oliva

1 taza de vino blanco seco

1. Enjuagar las codornices por dentro y por fuera y secar bien. Compruébalos en busca de plumas y retíralos. Rellena cada codorniz con 2 bayas de enebro, una hoja de salvia y algunos dientes de ajo. Sazone las aves con sal y pimienta. Coloca una hoja de salvia encima de cada codorniz. Desenrolla la panceta y envuelve una rodaja alrededor de cada codorniz. Ata un trozo de hilo de cocina alrededor del tocino para mantenerlo en su lugar.

2. En una sartén grande con tapa hermética, derrita la mantequilla con el aceite a fuego medio. Agrega las codornices y dora las aves por todos lados, aproximadamente 15 minutos.

3. Añadir el vino y llevar a ebullición. Tapa la sartén, reduce el fuego y cocina, volteando y rociando las codornices varias veces con el líquido, durante 45 a 50 minutos o hasta que las codornices estén muy tiernas. Agrega un poco de agua si la sartén se seca demasiado. Se sirve caliente.

## Filete a la parrilla, estilo florentino

### Bistecca Fiorentina

**Rinde de 6 a 8 porciones**

*La carne de vacuno de mejor calidad de Italia proviene de la gran raza de ganado blanco conocida como Chianina. Esta raza, que lleva el nombre del valle de Chiana en Toscana, se considera uno de los tipos más antiguos de ganado doméstico. Originalmente fueron criados como animales de tiro y criados para ser muy grandes y dóciles. Debido a que las máquinas han asumido sus funciones en las granjas modernas, ahora el ganado Chianina se cría por su carne de alta calidad.*

*Los filetes porterhouse, que son una sección transversal de lomo corto y solomillo separados por un chuletón, se cortan de la carne de res Chianina y se cocinan de esa manera en la Toscana. Aunque la carne Chianina no está disponible en los Estados Unidos, aún puedes obtener deliciosos filetes con esta receta. Compra carne de la mejor calidad posible.*

2 filetes porterhouse, de 1 1/2 pulgadas de grosor (alrededor de 2 libras cada uno)

Sal y pimienta negra recién molida

Aceite de oliva virgen extra

rodajas de limon

1. Coloque una plancha o parrilla a unas 4 pulgadas de la fuente de calor. Precaliente la parrilla o el asador.

2. Espolvorea los filetes con sal y pimienta. Asa la carne durante 4 a 5 minutos. Voltee la carne con unas pinzas y cocine unos 4 minutos más para que esté poco hecha o de 5 a 6 minutos para que esté poco hecha, dependiendo del grosor del bistec. Para comprobar si está cocido, haz un pequeño corte en la parte más gruesa. Para una cocción más prolongada, mueva los filetes a una parte más fría de la parrilla.

3. Deje reposar los filetes durante 5 minutos antes de cortarlos transversalmente en rodajas finas. Espolvorea con más sal y pimienta. Rocíe con aceite. Se sirve caliente con rodajas de limón.

# Filete con glaseado balsámico

## filete balsámico

**Rinde 6 porciones**

*El bistec magro y deshuesado sabe muy bien cuando se unta con vinagre balsámico y aceite de oliva antes de asarlo o asarlo. El vinagre balsámico contiene azúcares naturales, por lo que cuando se aplica a las carnes antes de asarlas, asarlas o asarlas, ayuda a formar una agradable corteza marrón que sella los jugos de la carne y agrega un sabor suave. Utilice el mejor vinagre balsámico que pueda encontrar.*

2 cucharadas de aceite de oliva virgen extra, y más para rociar

2 cucharadas de vinagre balsámico

1 diente de ajo finamente picado

1 filete, aproximadamente 1 1/2 libras

Sal y pimienta negra recién molida

1. En un plato poco profundo lo suficientemente grande como para contener el bistec, combine el aceite, el vinagre y el ajo. Agrega el

bistec y voltéalo para cubrirlo con la marinada. Cubra y refrigere por hasta 1 hora, volteando el bistec de vez en cuando.

2. Coloque una plancha o parrilla a unas 4 pulgadas de la fuente de calor. Precaliente la parrilla o el asador. Retire el filete de la marinada y séquelo. Asa o asa el bistec durante 3 a 4 minutos. Voltee la carne con unas pinzas y cocine unos 3 minutos más a fuego medio o 4 minutos más a fuego medio, dependiendo del grosor del bistec. Para comprobar si está cocido, haz un pequeño corte en la parte más gruesa. Para una cocción más prolongada, mueva el bistec a una parte más fría de la parrilla.

3. Sazone el bistec con sal y pimienta. Deje reposar 5 minutos antes de cortar la carne a lo largo de la fibra en rodajas finas. Rociar con un poco de aceite de oliva virgen extra.

# Filete de concha con chalota, tocino y vino tinto

## Filete al vino tinto

**Rinde 4 porciones**

*Los filetes de piel tierna obtienen un toque de sabor gracias a la panceta, las chalotas y el vino tinto.*

2 cucharadas de mantequilla sin sal

1 rebanada gruesa de panceta (aproximadamente 1 onza), finamente picada

2 filetes de falda deshuesados, de aproximadamente 1 pulgada de grosor

Sal y pimienta negra recién molida

1/4 taza de chalotes picados

1/2 taza de vino tinto seco

1/2 taza casera caldo de carne o caldo de carne comprado en la tienda

2 cucharadas de vinagre balsámico

1. Precaliente el horno a 200 ° F. En una sartén grande, derrita 1 cucharada de mantequilla a fuego medio. Agrega el tocino.

Cocine hasta que la panceta esté dorada, aproximadamente 5 minutos. Retire la panceta con una espumadera y retire la grasa.

2. Secar los filetes. Derrita la cucharada restante de mantequilla en la misma sartén a fuego medio. Cuando la mantequilla forme espuma, coloque los filetes en la sartén y cocine hasta que estén bien dorados, de 4 a 5 minutos. Espolvorear con sal y pimienta. Voltee la carne con unas pinzas y cocine 4 minutos por el otro lado para que esté poco hecha, o de 5 a 6 minutos para que esté poco hecha. Para comprobar si está cocido, haz un pequeño corte en la parte más gruesa. Transfiera los filetes a un plato resistente al calor y manténgalos calientes en el horno.

3. Agrega las chalotas a la sartén y cocina, revolviendo, durante 1 minuto. Agrega el vino, el caldo y el vinagre balsámico. Deje hervir y cocine hasta que el líquido esté espeso y almibarado, aproximadamente 3 minutos.

4. Agrega la panceta a los jugos de la sartén. Vierte la salsa sobre los filetes y sirve inmediatamente.

# Filete en rodajas con rúcula

## Straccetti di Manzo

**Rinde 4 porciones**

*Straccetti significa "pequeña carpa", a la que se parecen estas estrechas tiras de carne. Antes de preparar este plato, refrigere la carne hasta que esté lo suficientemente firme como para cortarla en rodajas finas. Ten todos los ingredientes listos, pero no aliñes la ensalada hasta antes de cocinar la carne.*

2 manojos de rúcula

4 cucharadas de aceite de oliva virgen extra

1 cucharada de vinagre balsámico

1 cucharada de chalota picada

Sal y pimienta negra recién molida

1 1/4 libras de filete magro u otro filete tierno deshuesado

1 cucharadita de romero recién picado

1. Recorta la rúcula, desechando los tallos y las hojas magulladas. Lávalas con varios cambios de agua fría. Se seca muy bien. Corta la rúcula en trozos pequeños.

2. En un tazón grande, mezcle 2 cucharadas de aceite, vinagre, chalotas, sal y pimienta al gusto.

3. Con un cuchillo afilado, corte el filete transversalmente en rodajas muy finas. Calienta una sartén grande y pesada a fuego medio. Cuando esté bien caliente añade las 2 cucharadas restantes de aceite de oliva. Coloque las rebanadas de carne en la sartén en una sola capa, en tandas si es necesario, y cocine hasta que se doren, aproximadamente 2 minutos. Voltee la carne con unas pinzas y espolvoree con sal y pimienta. Cocine hasta que esté ligeramente dorado, aproximadamente 1 minuto, apenas.

4. Mezclar la rúcula con el aderezo y colocar en un plato. Coloque las rodajas de carne encima de la rúcula y espolvoree con romero. Servir inmediatamente.

# Filetes de ternera con gorgonzola

## Filetto di Manzo con Gorgonzola

**Rinde 4 porciones**

*Los filetes tienen un sabor suave, pero esta suntuosa salsa les da mucho carácter. Pídale al carnicero que corte los filetes de no más de 1 1/4 pulgadas de grosor para cocinarlos más fácilmente, y ate cada filete con hilo de cocina para que mantenga su forma. Asegúrate de medir y alinear todos los ingredientes antes de comenzar a cocinar porque se cocina muy rápido.*

4 filetes de lomo, de aproximadamente 1 pulgada de grosor

Aceite de oliva virgen extra

Sal y pimienta negra recién molida

3 cucharadas de mantequilla sin sal

1 chalota pequeña, finamente picada

1/4 taza de vino blanco seco

1 cucharada de mostaza Dijon

Aproximadamente 4 onzas de queso gorgonzola, pelado y cortado en trozos

**1.** Unte los filetes con aceite de oliva y espolvoree con sal y pimienta. Cubra y refrigere. Retire los filetes del refrigerador aproximadamente 1 hora antes de cocinarlos.

**2.** Precaliente el horno a 200 ° F. Derrita 2 cucharadas de mantequilla en una sartén grande a fuego medio. Cuando la espuma de mantequilla desaparezca, seque los filetes. Colóquelos en la sartén y cocine hasta que estén dorados, de 4 a 5 minutos. Voltee la carne con unas pinzas y cocine por el otro lado, 4 minutos si está poco hecha o de 5 a 6 minutos si está poco hecha. Para comprobar si está cocido, haz un pequeño corte en la parte más gruesa. Transfiera los filetes a un plato resistente al calor y manténgalos calientes en el horno.

**3.** Agrega las chalotas a la sartén y cocina, revolviendo, durante 1 minuto. Agrega el vino y la mostaza. Reducir el fuego y añadir el gorgonzola. Agrega los jugos que se hayan acumulado alrededor del bistec. Retíralo del fuego y agrega la 1 cucharada de mantequilla restante.

**4.** Vierte la salsa sobre los filetes y sirve.

# Rollitos de carne rellenos de salsa de tomate

## chuletas pomodoro

**Rinde 4 porciones**

*Las finas rebanadas de carne de res son perfectas para el braciole, comúnmente pronunciado bra-zholl, un sabroso favorito cocinado a fuego lento. Busque cortes de carne grandes y sin mucho tejido conectivo para que mantenga bien su forma.*

*Braciole se puede cocinar como parte de<u>ragú napolitano</u>. Algunos cocineros rellenan las chuletas con un huevo duro, mientras que otros añaden pasas y piñones al relleno básico.*

4 lonchas finas de carne de res deshuesada, aproximadamente 1 kilogramo

3 dientes de ajo, finamente picados

2 cucharadas de queso pecorino romano rallado

2 cucharadas de perejil fresco picado

Sal y pimienta negra recién molida

2 cucharadas de aceite de oliva

1 taza de vino tinto seco

2 tazas de tomates italianos importados enlatados con su jugo, pasados por un pasapurés

4 hojas de albahaca fresca, cortadas en trozos pequeños

1. Coloque la carne entre 2 trozos de plástico y golpéela suavemente con el lado plano de una picadora de carne o un mazo de goma hasta que tenga un grosor uniforme de 1/8 de pulgada. Deseche la pieza de plástico superior.

2. Reserva 1 diente de ajo picado para la salsa. Espolvorea la carne con el resto del ajo, el queso, el perejil y sal y pimienta al gusto. Enrolle cada trozo como si fuera una salchicha y átelo como un filete pequeño con hilo de cocina de algodón.

3. Calienta el aceite en una olla grande. Agrega las chuletas. Cocine, volteando la carne de vez en cuando, hasta que se dore por todos lados, aproximadamente 10 minutos. Espolvorea el ajo restante alrededor de la carne y cocina por 1 minuto. Agrega el vino y cocina a fuego lento durante 2 minutos. Agrega los tomates y la albahaca.

4. Tape y cocine a fuego lento, volteando la carne de vez en cuando, hasta que esté tierna al pincharla con un tenedor, aproximadamente 2 horas. Agrega un poco de agua si la salsa se vuelve demasiado espesa. Se sirve caliente.

## Carne y cerveza

### Carbonata de Bue

**Rinde 6 porciones**

*Carne de res, cerveza y cebollas son una combinación ganadora en este guiso del Alto Adige. Es similar a la chuleta de ternera francesa del otro lado de la frontera.*

*La carne de res deshuesada es una buena opción para el guiso. Tiene suficiente veteado para permanecer húmedo durante una cocción prolongada.*

4 cucharadas de mantequilla sin sal

2 cucharadas de aceite de oliva

3 cebollas medianas (aproximadamente 1 kilogramo), en rodajas finas

3 libras de estofado de carne de res deshuesada, cortada en trozos de 1 1/2 pulgada

1 1/2 taza de harina para todo uso

12 onzas de cerveza, cualquier tipo

2 tazas de tomates frescos pelados, sin semillas y picados o puré de tomate enlatado

Sal y pimienta negra recién molida

1. Derrita 2 cucharadas de mantequilla con 1 cucharada de aceite en una sartén grande a fuego medio-bajo. Agregue la cebolla y cocine, revolviendo con frecuencia, hasta que esté ligeramente dorada, aproximadamente 20 minutos.

2. En una olla grande u otra olla profunda y pesada con tapa hermética, derrita la mantequilla restante con el aceite a fuego medio. Pasar la mitad de la carne por la harina y sacudir el exceso. Dorar bien los trozos por todos lados, unos 10 minutos. Transfiera la carne a un plato. Repetir con el resto de la carne.

3. Retirar la grasa de la cazuela. Agregue la cerveza y cocine a fuego lento, raspando el fondo de la sartén para mezclar los trozos dorados con la cerveza. Cocine por 1 minuto.

4. Coloca una rejilla en el centro del horno. Precaliente el horno a 375° F. Regrese toda la carne a la cacerola. Agrega la cebolla, los tomates, la sal y la pimienta al gusto. Lleva el líquido a ebullición.

**5.** Tapar la cazuela y hornear en el horno, revolviendo de vez en cuando, durante 2 horas o hasta que la carne esté tierna al pincharla con un cuchillo. Se sirve caliente.

# Estofado de ternera y cebolla

## carbonada

**Rinde 6 porciones**

*En Trentino-Alto Adigio, este guiso de nombre similar al anterior se elabora con vino tinto y especias. A veces, la carne de res se reemplaza por venado u otra caza. La polenta ligera y mantecosa es el acompañamiento clásico de este abundante guiso, pero a mí también me gusta<u>puré de coliflor</u>.*

3 cucharadas de mantequilla sin sal

3 cucharadas de aceite de oliva

2 cebollas medianas, cortadas en cuartos y en rodajas finas

1/2 taza de harina para todo uso

3 libras de carne de res deshuesada, cortada en trozos de 2 pulgadas

1 taza de vino tinto seco

1/8 cucharadita de canela molida

1/8 cucharadita de clavo molido

⅛ cucharadita de nuez moscada molida

1 taza de caldo de res

Sal y pimienta negra recién molida

1. En una sartén grande, derrita 1 cucharada de mantequilla con 1 cucharada de aceite a fuego medio-bajo. Agrega la cebolla y cocina, revolviendo ocasionalmente, hasta que se ablande, aproximadamente 15 minutos.

2. En una olla grande u otra olla profunda y pesada con tapa hermética, derrita la mantequilla restante con el aceite a fuego medio. Extiende la harina sobre una hoja de papel encerado. Pasar la carne por la harina, sacudiendo el exceso. Agregue suficientes piezas a la sartén para que quepan cómodamente sin que se amontonen. A medida que la carne se dore, transfiérala a un plato y luego fría el resto de la carne de la misma forma.

3. Cuando toda la carne esté dorada y retirada, agregue el vino a la sartén y cocine a fuego lento, raspando el fondo de la sartén para mezclar los trozos dorados con el vino. Hervir durante 1 minuto.

4. Regresa la carne a la sartén. Agrega la cebolla, las especias y el caldo. Condimentar con sal y pimienta. Llevar a ebullición y tapar la cacerola. Cocine, revolviendo ocasionalmente, durante 3

horas, o hasta que la carne esté muy tierna al pincharla con un tenedor. Agregue un poco de agua si el líquido se vuelve demasiado espeso. Se sirve caliente.

# Estofado de ternera con pimientos

## Peposo

**Rinde 6 porciones**

*Los toscanos preparan este guiso picante con muslos de ternera o ternera, pero yo prefiero usar chuletón de ternera deshuesado. Según Giovanni Righi Parenti, autor de La Grande Cucina Toscana, cuando hace mucho tiempo la pimienta era prohibitivamente cara, los cocineros guardaban los granos de pimienta de las rodajas de salami hasta que había suficiente para hacer peposo.*

*Mi amigo Marco Bartolini Baldelli, propietario de la bodega Fattoria di Bagnolo, me contó que este guiso era uno de los favoritos de los ladrilleros toscanos de la localidad de Impruneta, quienes lo cocinaban en sus hornos. Una botella de Fattoria di Bagnolo Chianti Colli Fiorentini Riserva sería un acompañamiento ideal.*

2 cucharadas de aceite de oliva

3 libras de carne de res, cortada en trozos de 2 pulgadas

Sal y pimienta negra recién molida

2 dientes de ajo, finamente picados

2 tazas de vino tinto seco

1/2 taza de tomates pelados, sin semillas y picados

1 cucharadita de pimienta negra recién molida o al gusto

1. En una olla grande u otra olla profunda y pesada con tapa hermética, caliente el aceite a fuego medio. Seque la carne y dórela por todos lados, en tandas, sin abarrotar la sartén, aproximadamente 10 minutos por tanda. Espolvorear con sal y pimienta. Transfiera la carne a un plato.

2. Agrega el ajo a la grasa de la sartén. Agrega el vino tinto, sal y pimienta al gusto y los tomates. Llevar a ebullición y devolver la carne a la sartén. Agrega suficiente agua fría para cubrir la carne. Cubre la olla. Reduzca el fuego a bajo y cocine, revolviendo ocasionalmente, durante 2 horas.

3. Agrega el vino y cocina por 1 hora más, o hasta que la carne esté muy tierna al pincharla con un tenedor. Prueba y ajusta el sazón. Se sirve caliente.

# Estofado de ternera friuli

## Manzo en Squazet

**Rinde 6 porciones**

*Pollo, ternera y pato son sólo algunos de los diferentes tipos de carne que se cocinan en escazote, que significa "cargado" en el dialecto Friuli-Venezia Giulia.*

1/2 taza de champiñones porcini secos

1 taza de agua tibia

1/4 taza de aceite de oliva

3 libras de carne de res, cortada en trozos de 2 pulgadas

2 cebollas grandes, finamente picadas

2 cucharadas de pasta de tomate

1 taza de vino tinto seco

2 hojas de laurel

Una pizca de clavo molido

Sal y pimienta negra recién molida

2 tazas caseras caldo de carne o caldo de carne comprado en la tienda

1. Remojar los champiñones en agua durante 30 minutos. Retirar los champiñones y reservar el líquido. Enjuague los champiñones con agua fría para quitar la arena, prestando especial atención a los extremos de los tallos donde se acumula la suciedad. Picar los champiñones en trozos grandes. Cuela el líquido de los champiñones a través de un filtro de café de papel y viértelo en un bol.

2. En una sartén grande, calienta el aceite a fuego medio. Secar la carne. Agregue la carne y dore bien por todos lados, aproximadamente 10 minutos, transfiriendo los trozos a un plato a medida que se doren.

3. Agrega la cebolla a la olla y cocina hasta que se ablande, aproximadamente 5 minutos. Agrega la pasta de tomate. Agrega el vino y deja hervir el líquido.

4. Regresa la carne a la sartén. Agrega los champiñones y su líquido, las hojas de laurel, los clavos y sal y pimienta al gusto. Agrega el caldo. Tape y cocine a fuego lento, revolviendo ocasionalmente, hasta que la carne esté tierna y el líquido se reduzca, de 2 1/2 a 3 horas. Si queda demasiado líquido, abrir la

olla durante los últimos 30 minutos. Retire las hojas de laurel. Se sirve caliente.

## Guiso de carne mixta al estilo cazador

### Scottiglia

**Rinde de 8 a 10 porciones**

*En Toscana, cuando la carne escaseaba, varios cazadores reunían y aportaban pequeños trozos de cualquier carne que tuvieran para crear este complejo guiso. Se puede añadir o sustituir cualquier cosa, desde carne de res, pollo, cordero o cerdo hasta faisán, conejo o pintada. Cuanta mayor variedad de carnes, más rico será el sabor del guiso.*

1/4 taza de aceite de oliva

1 pollo, cortado en 8 porciones

1 libra de estofado de carne de res deshuesada, cortada en trozos de 2 pulgadas

1 libra de paleta de cordero, cortada en trozos de 2 pulgadas

1 libra de paleta de cerdo, cortada en trozos de 2 pulgadas

1 cebolla morada grande, finamente picada

2 tiernas costillas de apio, picadas

2 zanahorias grandes, finamente picadas

2 dientes de ajo, finamente picados

1 taza de vino tinto seco

Sal

1/2 cucharadita de pimiento rojo molido

2 tazas de tomates picados, frescos o enlatados

1 cucharada de romero recién picado

2 tazas caseras<u>Sopa de pollo</u>,<u>caldo de carne</u>o caldo de carne o pollo comprado en la tienda

## Decorar

8 rebanadas de pan italiano o francés

2 dientes de ajo grandes, pelados

1. En una olla lo suficientemente grande como para contener todos los ingredientes u otra olla profunda y pesada con tapa hermética, caliente el aceite a fuego medio. Secar la carne. Agregue solo tantas piezas como quepan cómodamente en una capa. Dore bien las piezas por todos lados, aproximadamente 10

minutos por tanda, luego transfiéralas a un plato. Continuar hasta que toda la carne esté dorada.

2. Agrega la cebolla, el apio, las zanahorias y el ajo a la sartén. Cocine, revolviendo con frecuencia, hasta que esté suave, aproximadamente 10 minutos.

3. Regresar la carne a la sartén y agregar el vino, sal al gusto y pimiento rojo molido. Lleva el líquido a ebullición. Agrega los tomates, el romero y el caldo. Reducir el fuego para que el líquido apenas burbujee. Cocine, revolviendo ocasionalmente, hasta que todas las carnes estén tiernas, aproximadamente 90 minutos. (Agregue un poco de agua si la salsa se seca demasiado).

4. Tostar las rebanadas de pan y frotarlas con los ajos pelados. Coloque la carne y la salsa en un plato grande. Coloca las rebanadas de pan por todos lados. Se sirve caliente.

# Estofado de carne

## Gulash de Manzo

**Rinde 8 porciones**

*La parte norte de Trentino-Alto Adigio alguna vez fue parte de Austria; Italia lo anexó después de la Primera Guerra Mundial. Por eso la comida es austriaca, pero con acento italiano.*

*Las especias secas como el pimentón sólo son buenas durante seis meses después de abrir el recipiente. Después de eso, el sabor se desvanece. Vale la pena comprar un frasco nuevo a la hora de preparar este guiso. Asegúrese de utilizar pimentón importado de Hungría. Puedes utilizar todo pimentón dulce o una combinación de dulce y picante a tu gusto.*

3 cucharadas de manteca de cerdo, grasa de tocino o aceite vegetal

2 libras de carne de res deshuesada, cortada en trozos de 2 pulgadas

Sal y pimienta negra recién molida

3 cebollas grandes, en rodajas finas

2 dientes de ajo, picados

2 tazas de vino tinto seco

¼ taza de pimentón dulce húngaro o una combinación de pimentón dulce y picante

1 hoja de laurel

Tiras de cáscara de limón de 2 pulgadas

1 cucharada de pasta de tomate doble concentrada

1 cucharadita de comino molido

1/2 cucharadita de mejorana seca

jugo de limon fresco

1. En una olla grande u otra olla profunda y pesada con tapa hermética, caliente la mantequilla o la grasa a fuego medio. Seque la carne con palmaditas y agregue solo aquellos trozos a la sartén que quepan cómodamente en una sola capa. Dore bien las piezas por todos lados, aproximadamente 10 minutos por tanda. Transfiera la carne a un plato y espolvoree con sal y pimienta.

2. Agregue la cebolla a la sartén y cocine, revolviendo con frecuencia, hasta que esté blanda y dorada, aproximadamente 15 minutos. Agrega el ajo. Agrega el vino y raspa el fondo de la

cacerola. Regresa la carne a la sartén. Lleva el líquido a ebullición.

3. Agrega el pimentón, la hoja de laurel, la piel de limón, la pasta de tomate, el comino y la mejorana. Agrega suficiente agua para cubrir la carne.

4. Tape la olla y cocine de 2 1/2 a 3 horas, o hasta que la carne esté tierna. Agrega jugo de limón. Retirar la hoja de laurel y la piel de limón. Prueba y ajusta el sazón. Se sirve caliente.

# Guiso de rabo de toro a la romana

## Coda alla Vaccinara

**Rinde de 4 a 6 porciones**

*Aunque los rabos de toro no tienen mucha carne, la que hay es muy sabrosa y tierna cuando se cocina al estilo rumano. La salsa sobrante es buena para rigatoni u otras pastas de corte grueso.*

1/4 taza de aceite de oliva

3 kg de rabo de toro, cortado en trozos de 1 1/2 pulgada

1 cebolla grande picada

2 dientes de ajo, finamente picados

1 taza de vino tinto seco

2 1/2 tazas de tomates frescos pelados, sin semillas y picados o tomates enlatados escurridos y picados

1/4 cucharadita de clavo molido

Sal y pimienta negra recién molida

2 tazas de agua

6 tiernas costillas de apio, picadas

1 cucharada de chocolate amargo picado

3 cucharadas de piñones

3 cucharadas de pasas

1. En una olla grande u otra olla profunda y pesada con tapa hermética, caliente el aceite de oliva. Seque el rabo de toro con palmaditas y agregue solo aquellos trozos a la sartén que quepan cómodamente en una sola capa. Dore bien las piezas por todos lados, aproximadamente 10 minutos por tanda. Transfiera los trozos a un plato.

2. Agrega la cebolla y cocina, revolviendo ocasionalmente, hasta que esté dorada. Agrega el ajo y cocina por 1 minuto más. Agrega el vino, raspando el fondo de la sartén.

3. Devolver el rabo de toro a la sartén. Agrega los tomates, los clavos, sal y pimienta al gusto y el agua. Tapar la cacerola y llevar el líquido a ebullición. Reduzca el fuego y cocine, revolviendo ocasionalmente, hasta que la carne esté tierna y se desprenda del hueso, aproximadamente 3 horas.

**4.**Mientras tanto, hierva una cacerola grande con agua. Agrega el apio y cocina por 1 minuto. Escurrir bien.

**5.**Agrega el chocolate a la sartén con los rabos de toro. Agrega el apio, los piñones y las pasas. Llevar a ebullición. Se sirve caliente.

# Ensalada de col con ternera guisada

## Garretto en el vino

**Rinde 6 porciones**

*En este plato de rico sabor y cocción lenta, se cocinan gruesas rebanadas de carne molida con verduras y vino tinto. Las verduras cocidas que lo acompañan se hacen puré con los jugos de la cocción para hacer una salsa deliciosa para la carne. Sirva con una guarnición de patatas o polenta o vierta un poco de salsa por encima.Ñoquis de papa.*

2 cucharadas de mantequilla sin sal

1 cucharada de aceite de oliva

3 rebanadas (1 1/2 pulgada de grosor) de carne molida (aproximadamente 3 libras), recortadas

Sal y pimienta negra recién molida

4 zanahorias picadas

3 costillas de apio, picadas

1 cebolla grande picada

2 tazas de vino tinto seco

1 hoja de laurel

**1.** En una olla grande u otra olla profunda y pesada con tapa hermética, derrita la mantequilla con el aceite. Seque la carne y dórela bien por todos lados, aproximadamente 10 minutos. Espolvorear con sal y pimienta. Transfiera la carne a un plato.

**2.** Agregue las verduras y cocine, revolviendo con frecuencia, hasta que estén bien doradas, aproximadamente 10 minutos.

**3.** Agrega el vino y cocina, raspando el fondo de la cacerola con una cuchara de madera. Hervir el vino durante 1 minuto. Regresa la carne a la olla y agrega la hoja de laurel.

**4.** Tapa la sartén y reduce el fuego a bajo. Si el líquido se evapora demasiado, agrega un poco de agua tibia. Cocine de 21/2 a 3 horas, volteando la carne de vez en cuando, hasta que esté tierna al pincharla con un cuchillo.

**5.** Retire la carne a un plato y tápela para mantenerla caliente. Deseche la hoja de laurel. Pasar las verduras por un molinillo o hacerlas puré en una batidora. Prueba y ajusta el sazón. Vuelva a calentar si es necesario. Vierta la salsa de verduras sobre la carne. Servir inmediatamente.

# Berenjenas Rellenas De Carne

## berenjenas maduras

**Rinde de 4 a 6 porciones**

*Las berenjenas pequeñas de unos tres centímetros de largo son ideales para rellenar. Estos están calientes o a temperatura ambiente.*

2½ tazas cualquiera<u>Salsa de tomate</u>

8 berenjenas tiernas

Sal

12 onzas de carne molida

2 onzas de salami picado o prosciutto italiano importado

1 huevo grande

1 diente de ajo finamente picado

⅓ taza de pan rallado seco

¼ taza de Pecorino Romano o Parmigiano-Reggiano rallado

2 cucharadas de perejil fresco picado

Sal y pimienta negra recién molida

1. Prepara la salsa de tomate, si es necesario. A continuación, coloca una rejilla en el centro del horno. Precaliente el horno a 375 ° F. Engrase un molde para hornear de 12 × 9 × 2 pulgadas.

2. Traiga una olla grande con agua a hervir. Corta la parte superior de las berenjenas y córtalas por la mitad a lo largo. Agrega la berenjena al agua con sal al gusto. Cocine hasta que la berenjena esté tierna, de 4 a 5 minutos. Pon las berenjenas en un colador para que escurran y se enfríen.

3. Con una cuchara pequeña, saque la pulpa de cada berenjena, dejando una piel de ¼ de pulgada de espesor. Cortar la pulpa y colocar en un bol grande. Coloque las cáscaras en la fuente para hornear con la piel hacia abajo.

4. A la pulpa de berenjena, agrega la carne, el salami, el huevo, el ajo, el pan rallado, el queso, el perejil y salpimenta al gusto. Vierta la mezcla sobre las pieles de berenjena, alisando la parte superior. Vierte la salsa de tomate sobre las berenjenas.

5. Hornee hasta que el relleno esté bien cocido, aproximadamente 20 minutos. Servir caliente oa temperatura ambiente.

# albóndigas napolitanas

## albóndigas

**Rinde 6 porciones**

*Mi mamá hacía un lote de estas albóndigas una vez a la semana para agregarlas a una olla grande de ragú. Cuando no miraba, alguien sacaba uno de la olla para comerlo como refrigerio. Por supuesto que lo sabía, así que a menudo hacía un lote doble.*

3 tazas <u>ragú napolitano</u> O <u>Salsa marinara</u>

1 kilo de carne molida

2 huevos grandes, batidos

1 diente de ajo grande, finamente picado

1/2 taza de pecorino romano recién rallado

1/2 taza de pan rallado

2 cucharadas de perejil fresco de hoja plana finamente picado

1 cucharadita de sal

Pimienta negra recién molida

1/4 taza de aceite de oliva

1. Preparar el ragú o la salsa, si es necesario. Luego, en un tazón grande, combine la carne, los huevos, el ajo, el queso, el pan rallado, el perejil y la sal y pimienta al gusto. Usando tus manos, mezcla bien todos los ingredientes.

2. Enjuáguese las manos con agua fría para evitar que se pegue, luego forme suavemente la mezcla en bolas de 2 pulgadas. (Si está preparando albóndigas para usar en lasaña o para hornear, forme bolitas con la carne del tamaño de una uva pequeña).

3. Calienta el aceite en una sartén grande a fuego medio. Agrega las albóndigas y fríe hasta que estén bien doradas por todos lados, aproximadamente 15 minutos. (Voltee con cuidado con unas pinzas). Transfiera las albóndigas a un plato.

4. Transfiera las albóndigas a la sartén con el ragú o la salsa de tomate. Cocine a fuego lento hasta que estén tiernos, unos 30 minutos. Se sirve caliente.

## Albóndigas con piñones y pasas

### Polpette con Pinoli y Vee Secche

**Rinde 20 albóndigas de 2 pulgadas**

*El secreto de una buena albóndiga o una albóndiga jugosa es añadir pan o pan rallado a la mezcla. El pan absorbe los jugos de la carne y los retiene mientras se cocina. Para obtener un exterior más crujiente, estas hamburguesas también se enrollan en pan rallado antes de cocinarlas. Esta receta me la dio mi amigo Kevin Benvenuti, dueño de una tienda gourmet en Westin, Florida. La receta era de la abuela de Carolina.*

*A algunos cocineros les gusta saltarse el paso de freír y agregar las albóndigas directamente a la salsa. Las albóndigas quedan más blandas. Prefiero la textura más firme y el mejor sabor que se obtiene al tostar.*

   3 tazas ragú napolitano u otro salsa de tomate

1 taza de pan rallado seco

4 rebanadas de pan italiano, sin corteza y cortadas en trozos pequeños (aproximadamente 2 tazas)

1/2 taza de leche

2 kilogramos de carne mixta de res, ternera y cerdo

4 huevos grandes, ligeramente batidos

2 dientes de ajo, finamente picados

2 cucharadas de perejil fresco de hoja plana finamente picado

1 1/2 taza de pasas

1 1/2 taza de piñones

1/2 taza de Pecorino Romano o Parmigiano-Reggiano rallado

1 1/2 cucharaditas de sal

1/4 cucharadita de nuez moscada recién molida

Pimienta negra recién molida

1 1/4 taza de aceite de oliva

1. Preparar el ragú o la salsa, si es necesario. Coloque el pan rallado en un recipiente poco profundo. Luego, remoja el pan en la leche durante 10 minutos. Escurre el pan y exprime el exceso de líquido.

2. En un tazón grande, combine la carne, el pan, los huevos, el ajo, el perejil, las pasas, los piñones, el queso, la sal, la nuez moscada

y la pimienta al gusto. Usando tus manos, mezcla bien todos los ingredientes.

3.Enjuáguese las manos con agua fría para evitar que se pegue, luego forme suavemente la mezcla en bolas de 2 pulgadas. Pase suavemente las albóndigas por el pan rallado.

4.Calienta el aceite en una sartén grande a fuego medio. Agrega las albóndigas y fríe hasta que estén bien doradas por todos lados, aproximadamente 15 minutos. (Voltéelos con cuidado con unas pinzas).

5.Pon las albóndigas en el ragú o salsa. Cocine a fuego lento hasta que estén tiernos, unos 30 minutos. Se sirve caliente.

## Albóndigas con repollo y tomates

### Polpettine Stufato con Cavolo

**Rinde 4 porciones**

*Las albóndigas son uno de esos platos saciantes que se preparan en casi todas partes, especialmente en todas las regiones de Italia. Sin embargo, los italianos nunca sirven albóndigas con espaguetis. Sienten que el peso de la carne abrumaría las delicadas hebras de pasta. Además, la pasta es el primer plato y cualquier carne de tamaño mayor que un bocado se sirve como segundo plato. En esta receta de Friuli-Venezia Giulia, las albóndigas se sirven con repollo cocido a fuego lento. Es un plato abundante para servir en una noche fría.*

2 dientes de ajo, finamente picados

2 cucharadas de aceite de oliva

1 repollo pequeño, rallado

1/2 tazas de tomates enteros enlatados, escurridos y picados

Sal

**albóndigas**

1 taza de pan italiano o francés sin corteza, desmenuzado

1/2 taza de leche

1 kilo de carne molida

1 huevo grande, batido

1/2 taza de Parmigiano-Reggiano recién rallado

1 diente de ajo grande, picado

2 cucharadas de perejil fresco picado

Sal y pimienta negra recién molida

1/4 taza de aceite de oliva

**1.** En una olla grande, cocine el ajo en aceite de oliva a fuego medio hasta que esté ligeramente dorado, aproximadamente 2 minutos. Agrega el repollo y mezcla bien. Agrega los tomates y sal al gusto. Tape y cocine a fuego lento, revolviendo ocasionalmente, durante 45 minutos.

**2.** En un tazón mediano, combine el pan y la leche. Déjalo reposar durante 10 minutos y luego exprime el exceso de leche.

3. En un tazón grande, combine la carne, el pan, el huevo, el queso, el ajo, el perejil y la sal y pimienta al gusto. Usando tus manos, mezcla bien todos los ingredientes.

4. Enjuáguese las manos con agua fría para evitar que se pegue, luego forme suavemente la mezcla de carne en bolas de 2 pulgadas. Calienta el aceite en una sartén grande a fuego medio. Freír las albóndigas hasta que estén doradas por todos lados. (Voltee con cuidado con unas pinzas). Transfiera las albóndigas a un plato.

5. Si queda mucho líquido en la olla con la col, dejar la tapa abierta y cocinar hasta que reduzca. Agregue las albóndigas y cubra con repollo. Cocine otros 10 minutos. Se sirve caliente.

# Albóndigas al estilo Bolonia

## Polpette a la boloñesa

**Rinde 6 porciones**

*Esta receta es mi adaptación de un plato de la Trattoria Gigina en Bolonia. Si bien es tan casera como cualquier receta de albóndigas, la mortadela en la mezcla de carne y la crema en la salsa de tomate la hacen un poco más sofisticada.*

**Aderezo**

1 cebolla pequeña, finamente picada

1 zanahoria mediana, finamente picada

1 costilla pequeña de apio tierno, finamente picada

2 cucharadas de aceite de oliva

1 1/2 tazas de puré de tomate

1/2 taza de crema espesa

Sal y pimienta negra recién molida

**albóndigas**

1 kilogramo de carne magra

8 onzas de mortadela

1/2 taza de Parmigiano-Reggiano recién rallado

2 huevos grandes, batidos

1/2 taza de pan rallado seco

1 cucharadita de sal marina o kosher

1/4 cucharadita de nuez moscada molida

Pimienta negra recién molida

1. Prepare la salsa: en una cacerola grande o en una sartén profunda y pesada, cocine la cebolla, la zanahoria y el apio en aceite de oliva a fuego medio hasta que estén dorados y tiernos, aproximadamente 10 minutos. Agrega tomate, nata, sal y pimienta al gusto. Llevar a ebullición.

2. Prepara las albóndigas: Coloca los ingredientes de las albóndigas en un bol grande. Usando tus manos, mezcla bien todos los ingredientes. Enjuáguese las manos con agua fría para evitar que se pegue, luego forme suavemente la mezcla en bolas de 2 pulgadas.

**3.** Transfiera las albóndigas a la salsa hirviendo. Tape y cocine, volteando las albóndigas de vez en cuando, hasta que estén bien cocidas, aproximadamente 20 minutos. Se sirve caliente.

# Albóndigas en Marsala

## Polpette al Marsala

**Rinde 4 porciones**

*Mi amigo Arthur Schwartz, una autoridad en la cocina napolitana, me describió esta receta que, según él, es muy popular en Nápoles.*

1 taza de pan italiano sin corteza, cortado en trozos

1 1/4 taza de leche

Aproximadamente 1/2 taza de harina para todo uso

1 kg de carne molida redonda

2 huevos grandes, batidos

1/2 taza de Parmigiano-Reggiano recién rallado

1/4 taza de jamón picado

2 cucharadas de perejil fresco picado

Sal y pimienta recién molida

3 cucharadas de mantequilla sin sal

1/2 taza de Marsala seco

1/2 taza casera <u>caldo de carne</u> o caldo de carne comprado en la tienda

1. En un bol pequeño, remoja el pan en la leche durante 10 minutos. Exprime el líquido. Pon la harina en un bol un poco hondo.

2. En un bol grande coloca el pan, la carne, los huevos, el queso, el jamón, el perejil, la sal y la pimienta. Usando tus manos, mezcla bien todos los ingredientes. Enjuáguese las manos con agua fría para evitar que se pegue, luego forme suavemente la mezcla en ocho bolas de 2 pulgadas. Pasar las bolas por harina.

3. En una sartén lo suficientemente grande como para contener todas las albóndigas, derrita la mantequilla a fuego medio-bajo. Agregue las albóndigas y cocine, volteándolas con cuidado con unas pinzas, hasta que estén doradas, aproximadamente 15 minutos. Agregue Marsala y caldo. Cocine hasta que el líquido se reduzca y las albóndigas estén cocidas, de 4 a 5 minutos. Se sirve caliente.

# Filete al estilo antiguo de Nápoles

## Polpettone de Santa Chiara

**Rinde de 4 a 6 porciones**

*Esta receta requiere hornearse en el horno, aunque inicialmente el pan se doraba completamente en una sartén y luego se cocinaba con un poco de vino en una sartén tapada. Los huevos duros en el centro crean un efecto de ojos cuando se corta el pan. Aunque esta receta requiere solo carne de res, una mezcla de carne molida funciona bien.*

2/3 taza de pan italiano sin corteza del día anterior

1/3 taza de leche

1 kg de carne molida redonda

2 huevos grandes, batidos

Sal y pimienta negra recién molida

4 onzas de jamón sin fumar, picado

1/2 taza de queso pecorino romano o provolone rallado

4 cucharadas de pan rallado seco

2 huevos duros

1. Coloca una rejilla en el centro del horno. Precaliente el horno a 350 ° F. Engrase un molde cuadrado de 9 pulgadas.

2. Remojar el pan en leche durante 10 minutos. Exprime el pan para eliminar el exceso de líquido.

3. En un bol grande mezcla la carne, el pan, los huevos y sal y pimienta al gusto. Agrega el jamón y el queso.

4. En una hoja grande de papel encerado, extienda la mitad del pan rallado sobre un trozo de papel encerado. Extienda la mitad de la mezcla de carne sobre el papel pergamino formando un rectángulo de 8×4 pulgadas. Coloca los dos huevos duros en fila a lo largo en el centro. Cubra con la mezcla de carne restante, presionando la carne hasta formar una hogaza ordenada de aproximadamente 8 pulgadas de largo. Coloca el pan en el molde preparado. Espolvorea la parte superior y los lados con las migajas restantes.

5. Hornee el pan durante aproximadamente 1 hora o hasta que la temperatura interna alcance los 155 °F en un termómetro de lectura instantánea. Déjalo enfriar durante 10 minutos antes de cortar. Se sirve caliente.

# Asado a la cacerola con vino tinto

## Brasato al Barolo

**Rinde de 6 a 8 porciones**

*Los chefs piamonteses cocinan grandes cortes de carne en el vino Barolo de la región, pero otro vino tinto seco funcionaría bien.*

3 cucharadas de aceite de oliva

1 filete de res deshuesado c filete de lomo (alrededor de 3 1/2 libras)

2 onzas de tocino picado

1 cebolla mediana picada

2 dientes de ajo, finamente picados

1 taza de vino tinto seco, como Barolo

2 tazas de tomates pelados, sin semillas y picados

2 tazas caseras<u>caldo de carne</u>o caldo de carne comprado en la tienda

2 zanahorias cortadas en rodajas

1 rodaja de apio

2 cucharadas de perejil fresco picado

Sal y pimienta negra recién molida

1. En una olla grande u otra olla profunda y pesada con tapa hermética, caliente el aceite a fuego medio. Agregue la carne y dore bien por todos lados, aproximadamente 20 minutos. Sazone al gusto con sal y pimienta. Transfiera a un plato.

2. Retire toda la grasa menos dos cucharadas. Agrega la panceta, la cebolla y el ajo a la olla. Cocine, revolviendo con frecuencia, hasta que esté suave, aproximadamente 10 minutos. Añadir el vino y llevar a ebullición.

3. Agrega los tomates, el caldo, las zanahorias, el apio y el perejil. Tapar la cacerola y llevar el líquido a ebullición. Cocine a fuego lento, volteando la carne de vez en cuando, durante 2 1/2 a 3 horas, o hasta que esté tierna al pincharla con un tenedor.

4. Transfiera la carne a un plato. Cubrir y mantener caliente. Si el líquido de la olla parece demasiado líquido, aumente el fuego y cocine a fuego lento hasta que se reduzca ligeramente. Pruebe la salsa y ajústela para sazonar. Corta la carne en rodajas y sírvela caliente con la salsa.

## Asado con cebolla y salsa para pasta

## Genovés

**Rinde 8 porciones**

Las cebollas, las zanahorias, el prosciutto y el salami son los principales ingredientes aromatizantes de este tierno bistec. Se trata de una antigua receta napolitana que, a diferencia de la mayoría de platos de la zona, no lleva tomate. Los historiadores explican que hace siglos, los marineros que viajaban entre los puertos de Génova y Nápoles se llevaban este plato a casa.

La Genovese era una especialidad de mi abuela, que servía salsa de cebolla sobre mafalda, largas tiras de pasta con bordes agrietados o largos fusilli. Luego se comió la carne cortada en rodajas con el resto de la salsa como segundo plato.

2 cucharadas de aceite de oliva

1 filete de res deshuesado o filete de lomo (alrededor de 3 1/2 libras)

Sal y pimienta negra recién molida

6 a 8 cebollas medianas (alrededor de 3 libras), en rodajas finas

6 zanahorias medianas, en rodajas finas

2 onzas de salami de Génova, en rodajas finas

2 onzas de prosciutto italiano importado, en rodajas finas

1 kilo de mafalde o fusilli

Parmigiano-Reggiano o Pecorino Romano recién rallado

1. Coloca una rejilla en el centro del horno. Precaliente el horno a 325° F. En una olla grande u otra olla profunda y pesada con tapa hermética, caliente el aceite a fuego medio. Agregue la carne y dore bien por todos lados, aproximadamente 20 minutos. Espolvorear con sal y pimienta. Cuando la carne esté completamente dorada, transfiérala a un plato y escurra la grasa de la olla.

2. Vierta 1 taza de agua en la olla y raspe el fondo con una cuchara de madera para soltar los trozos dorados. Agrega las cebollas, las zanahorias, el salami y el prosciutto a la olla. Regresa el bistec a la olla. Tapar y llevar el líquido a ebullición.

3. Transfiere la olla al horno. Cocine, volteando la carne de vez en cuando, durante 21/2 a 3 horas. o hasta que esté muy tierno al pincharlo con un tenedor.

4. Unos 20 minutos antes de que la carne esté cocida, hierva una olla grande con agua. Agrega 2 cucharadas de sal, luego la pasta,

empujándola suavemente hacia abajo hasta que esté completamente cubierta de agua. Cocine hasta que esté al dente, apenas tierno pero firme al morder.

5. Cuando esté lista, transfiera la carne a un plato. Cubrir y mantener caliente. Deja que la salsa se enfríe un poco. Haga puré el contenido de la olla pasándolo por un molinillo o mezclándolo en un procesador de alimentos o licuadora. Prueba y ajusta el sazón. Regresa la salsa a la olla con la carne. Recalentar suavemente.

6. Sirve un poco de salsa sobre la pasta. Espolvorea con queso. Vuelva a calentar la salsa y la carne si es necesario. Cortar la carne en rodajas y servir como guarnición con el resto de la salsa.

## Rollito de ternera siciliano relleno

*Bromista*

**Rinde 6 porciones**

*Farsumagro, en dialecto siciliano, o falsimagro, en italiano estándar, significa "falso delgado". Es probable que el nombre sea una referencia al rico relleno que se encuentra dentro de la fina rebanada de carne. Hay muchas variaciones de este plato. Algunos cocineros usan una rebanada de ternera en lugar de carne de res para el rollo exterior y ternera molida o carne de res en el relleno en lugar de salchicha de cerdo. A veces se utiliza jamón, salami o panceta en lugar de prosciutto. Otros cocineros añaden verduras como patatas o guisantes a la salsa que hierve a fuego lento.*

*La parte más difícil de esta receta es conseguir una sola rebanada de carne de aproximadamente 8 × 6 × 1/2 pulgadas que se pueda moler hasta un grosor de 1/4 de pulgada. Pídele a tu carnicero que te lo corte.*

12 onzas de salchicha de cerdo italiana, sin piel

1 huevo batido

1/2 taza de pecorino romano recién rallado

¼ taza de pan rallado fino y seco

2 cucharadas de perejil fresco picado

1 diente de ajo finamente picado

Sal y pimienta negra recién molida

1 libra de filete redondo deshuesado de 1/2 pulgada de espesor

2 onzas de prosciutto italiano importado, en rodajas finas

2 huevos duros, pelados

3 cucharadas de aceite de oliva

1 cebolla finamente picada

1 1/2 taza de vino blanco seco

1 lata (28 onzas) de tomates triturados

1 taza de agua

1. En un tazón grande, mezcle la carne de cerdo, el huevo, el queso, el pan rallado, el perejil, el ajo y la sal y pimienta al gusto.

2. Coloque un trozo grande de film transparente sobre una superficie plana y coloque la carne encima. Coloque una segunda hoja de plástico sobre la carne y golpéela suavemente para

aplanarla hasta que tenga aproximadamente 1/4 de pulgada de grosor.

3. Deseche la lámina de plástico superior. Coloca las lonchas de jamón serrano encima de la carne. Extienda la mezcla de carne sobre el jamón, dejando un borde de 1/2 pulgada alrededor. Coloque los huevos duros en fila sobre el lado largo de la carne. Doble la carne a lo largo sobre los huevos y el relleno y enróllela como un rollo de gelatina, usando la hoja inferior de plástico para ayudarlo a enrollar. Con hilo de cocina de algodón, ate el rollo a intervalos de 1 pulgada como si fuera un filete.

4. Calienta el aceite a fuego medio en una olla grande u otra olla profunda y pesada con tapa hermética. Agregue el rollo de carne y dórelo bien por un lado, aproximadamente 10 minutos. Voltee la carne con unas pinzas y esparza la cebolla por todos lados. Dorar la carne por el otro lado, unos 10 minutos.

5. Añadir el vino y llevar a ebullición. Agrega los tomates triturados y el agua. Tape la sartén y cocine, volteando la carne de vez en cuando, aproximadamente 1 1/2 horas, o hasta que la carne esté tierna al pincharla con un tenedor.

6. Transfiera la carne a un plato. Deja que la carne se enfríe durante 10 minutos. Retire los hilos y corte el rollo en rodajas de

1/2 pulgada. Coloque las rodajas en un plato caliente. Vuelva a calentar la salsa si es necesario. Vierte la salsa sobre la carne y sirve.

# Lomo asado con salsa de aceitunas

## Filete a la oliva

**Rinde de 8 a 10 porciones**

*Un bistec tierno es adecuado para una cena elegante. Sirve caliente o a temperatura ambiente con una deliciosa salsa de aceitunas o sustituto<u>Salsa de tomates secos</u>. Nunca cocines este corte de carne más que crudo o quedará seco.*

<u>salsa de oliva</u>

3 cucharadas de aceite de oliva

2 cucharadas de vinagre balsámico

1 cucharadita de sal

Pimienta negra recién molida

1 lomo de res, recortado y atado (alrededor de 4 libras)

1 cucharada de romero recién picado

**1.** Prepara la salsa, si es necesario. Mezclar el aceite, el vinagre, la sal y la pimienta molida generosamente. Coloque la carne en una sartén grande y vierta la marinada, volteando la carne para que quede cubierta por todos lados. Cubre el molde con papel de aluminio y deja marinar durante 1 hora a temperatura ambiente o hasta 24 horas en el refrigerador.

2. Coloca una rejilla en el centro del horno. Precaliente el horno a 425 ° F. Ase la carne durante 30 minutos o hasta que la temperatura en la parte más gruesa alcance los 125 ° F para que esté medio cocida en un termómetro de lectura instantánea. Transfiera el bistec del horno a una fuente.

3. Deje reposar 15 minutos antes de cortar. Corta la carne en rodajas de 1/2 pulgada y sírvela caliente o a temperatura ambiente con la salsa.

## Carne Hervida Mixta

*bollito mixto*

**Rinde de 8 a 10 porciones**

*El bollito misto, que significa "hervido mixto", es una combinación de carne y verduras cocidas en un líquido hirviendo. En el norte de Italia, se añade pasta al caldo para hacer un primer plato. La carne se corta en rodajas y luego se sirve con una variedad de salsas. Bollito misto es muy festivo y es una cena impresionante para una multitud.*

*Cada región tiene su propia manera de hacerlo. Los piamonteses insisten en que se elabora con siete tipos de carne y se sirve con salsa de tomate y pimiento morrón. La salsa verde es probablemente la más tradicional, mientras que en Emilia-Romaña y Lombardía es típica la mostarda, fruta conservada en almíbar de mostaza dulce. La mostarda se puede comprar en muchos mercados y tiendas gourmet italianas.*

*Aunque el bollito misto no es difícil de hacer, requiere de un tiempo de cocción prolongado. Espera unas cuatro horas desde que enciendes la calefacción. Cuando todas las carnes estén cocidas, se pueden mantener calientes en la olla una hora más. Se necesita una olla aparte para cocinar el cotechino u otra salchicha grande, ya que la grasa que se desprende engrasaría el caldo.*

*Además de las salsas, me gusta servir la carne con verduras al vapor como zanahorias, calabacines y patatas.*

1 tomate maduro grande, partido por la mitad y sin semillas

4 ramitas de perejil con tallos

2 costillas de apio con hojas, picadas en trozos grandes

2 zanahorias grandes, picadas en trozos grandes

1 cebolla grande, picada en trozos grandes

1 diente de ajo

1 rosbif deshuesado, unos 3 kilogramos

Sal

<u>salsa verde</u>O<u>Salsa de pimiento rojo y tomate</u>

1 paleta de res deshuesada, enrollada y unida, aproximadamente 3 libras

1 cotechino u otra salchicha de ajo grande, aproximadamente 1 kilogramo

1 pollo entero, aproximadamente 3 1/2 libras

1. En una olla de 5 galones o dos ollas más pequeñas de la misma capacidad, combine las verduras y 3 cuartos de agua. Llevar a ebullición a temperatura media.

2. Agrega la carne y 2 cucharaditas de sal. Cocine durante 1 hora después de que el líquido vuelva a hervir. Mientras tanto, prepara la salsa, si es necesario.

3. Agrega la carne a la olla; Después de que el líquido vuelva a hervir, cocine durante 1 hora. Si es necesario, agregue más agua para cubrir la carne.

4. En una olla aparte, combine el cotechino con agua hasta cubrir 1 pulgada. Cubra y deje hervir. Cocine por 1 hora.

5. Agrega el pollo a la olla con la carne y la carne. Deje hervir y cocine, volteando el pollo una o dos veces, durante 1 hora, o hasta que toda la carne esté tierna al pincharla con un tenedor.

6. Con una cuchara grande, retire la grasa de la superficie del caldo. Probar y rectificar de sal. (Si sirve el caldo como primer plato, cuele un poco de caldo en una olla, dejando la carne con el caldo restante en la olla para que se mantenga caliente. Hierva el caldo y cocine la pasta en él. Sirva caliente con queso parmesano .Reggiano.)

**7.**Prepare una fuente grande caliente. Corta la carne en rodajas y colócalas en una fuente. Rociar con un poco de caldo. Sirve inmediatamente la carne cortada en rodajas con las salsas de tu preferencia.

# Chuletas de cerdo marinadas a la parrilla

## Braciole di Maiale ai Ferri

**Rinde 6 porciones**

*Esta es una gran receta para cenas rápidas de verano. Para comprobar si las chuletas de cerdo están cocidas, haz un pequeño corte cerca del hueso. La carne todavía debe estar ligeramente rosada.*

1 taza de vino blanco seco

1/4 taza de aceite de oliva

1 cebolla pequeña, en rodajas finas

1 diente de ajo finamente picado

1 cucharada de romero recién picado

1 cucharada de salvia fresca picada

6 chuletas de cerdo cortadas en el centro, de aproximadamente ¾ de pulgada de grosor

Rodajas de limón, para decorar.

1. Combine el vino, el aceite, la cebolla, el ajo y las hierbas en una fuente para horno lo suficientemente grande como para contener las chuletas en una sola capa. Agrega las chuletas, tapa y refrigera por al menos 1 hora.

2. Coloque una parrilla o asador a unas 5 pulgadas de la fuente de calor. Precaliente la parrilla o el asador. Seca las chuletas con toallas de papel.

3. Ase la carne durante 5 a 8 minutos o hasta que esté bien dorada. Voltee las chuletas con unas pinzas y cocine por el otro lado durante 6 minutos, o hasta que estén doradas y ligeramente rosadas al cortarlas cerca del hueso. Se sirve caliente, adornado con rodajas de limón.

# Costillas Al Estilo Friuli

## Chuletas de cerdo a la Friulana

**Rinde de 4 a 6 porciones**

*En Fruili, las costillas se cocinan a fuego lento hasta que la carne esté tierna y se desprenda del hueso. Sírvelos con puré de patatas o un simple risotto.*

2 tazas caserascaldo de carneo caldo de carne comprado en la tienda

3 libras de costillas de cerdo, cortadas en costillas individuales

3 1/4 taza de harina para todo uso

Sal y pimienta negra recién molida

3 cucharadas de aceite de oliva

1 cebolla grande picada

2 zanahorias medianas, picadas

1 1/2 taza de vino blanco seco

1. Prepara el caldo, si es necesario. Seca las costillas con toallas de papel.

2. En un trozo de papel encerado, combine la harina, la sal y la pimienta al gusto. Enrolle las costillas en la harina y luego agítelas para eliminar el exceso.

3. En una cacerola grande y pesada, calienta el aceite a fuego medio. Agregue tantas costillas como quepan cómodamente en una sola capa y dórelas bien por todos lados, aproximadamente 15 minutos. Transfiera las costillas a un plato. Repita hasta que todas las costillas estén doradas. Escurre toda la grasa menos 2 cucharadas.

4. Agrega las cebollas y las zanahorias a la sartén. Cocine, revolviendo ocasionalmente, hasta que esté ligeramente dorado, aproximadamente 10 minutos. Agregue el vino y cocine por 1 minuto, raspando y removiendo los trozos dorados del fondo de la sartén con una cuchara de madera. Regrese las costillas a la sartén y agregue el caldo. Lleva el líquido a ebullición. Reduzca el fuego a bajo, cubra y cocine, revolviendo ocasionalmente, aproximadamente 1 1/2 horas, o hasta que la carne esté muy tierna y se desprenda del hueso. (Agregue agua si la carne se seca demasiado).

5. Transfiera las costillas a una fuente caliente y sirva inmediatamente.

## Costillas con salsa de tomate

### *pizca de pomodoro*

**Rinde de 4 a 6 porciones**

*Mi esposo y yo comimos costillas como esta en una osteria favorita, un restaurante informal de estilo familiar en Roma llamado Enoteca Corsi. Sólo abre para el almuerzo y el menú es muy limitado. Pero cada día se llena de hordas de trabajadores de oficinas cercanas atraídos por sus precios muy justos y su deliciosa comida casera.*

2 cucharadas de aceite de oliva

3 libras de costillas de cerdo, cortadas en costillas individuales

Sal y pimienta negra recién molida

1 cebolla mediana, finamente picada

1 zanahoria mediana, finamente picada

1 costilla de apio tierno, finamente picado

2 dientes de ajo, finamente picados

4 hojas de salvia, picadas

1/2 taza de vino blanco seco

2 tazas de tomates triturados enlatados

1. En una cacerola o cacerola grande, caliente el aceite a fuego medio. Agregue suficientes costillas para que quepan cómodamente en la sartén. Dóralos bien por todos lados, unos 15 minutos. Transfiera las costillas a un plato. Espolvorear con sal y pimienta. Continuar con las costillas restantes. Cuando todo esté listo, retira toda la grasa menos 2 cucharadas.

2. Agrega la cebolla, la zanahoria, el apio, el ajo y la salvia y cocina hasta que se ablanden, aproximadamente 5 minutos. Agregue el vino y cocine a fuego lento durante 1 minuto, revolviendo con una cuchara de madera y raspando y removiendo los trozos dorados del fondo de la sartén.

3. Regresa las costillas a la sartén. Agrega los tomates, sal y pimienta al gusto. Cocine de 1 a 1/2 horas o hasta que las costillas estén muy tiernas y la carne se desprenda de los huesos.

4. Transfiera las costillas y la salsa de tomate a un plato para servir y sirva inmediatamente.

## Costillas especiadas al estilo toscano

### Costura alla Toscana

**Rinde de 4 a 6 porciones**

*Con amigos de la empresa de aceite de oliva Lucini, visitamos la casa de los productores de olivos en la región de Chianti en Toscana. Nuestro grupo de periodistas almorzó en un olivar. Después de unas bruschetta y salami, nos sirvieron filete, salchichas, costillas y verduras, todo asado sobre esquejes de vid. Las costillas de cerdo marinadas en un sabroso aderezo de aceite de oliva y especias trituradas eran mis favoritas y todos intentamos adivinar qué había en la mezcla. La canela y el hinojo eran ligeros, pero a todos nos sorprendió saber que otra especia era el anís estrellado. Me gusta usar costillas de cerdo pequeñas para esta receta, pero las costillas de cerdo también quedarían bien.*

anís de 2 estrellas

1 cucharada de semillas de hinojo

6 bayas de enebro, ligeramente trituradas con el costado de un cuchillo pesado

1 cucharada de sal marina fina o kosher

1 cucharadita de canela

1 cucharadita de pimienta negra finamente molida

Una pizca de pimiento rojo molido

4 cucharadas de aceite de oliva

4 libras de costillitas, cortadas en costillas individuales

1. En un molinillo de especias o en una licuadora, combine el anís estrellado, el hinojo, el enebro y la sal. Muela hasta que esté bien, aproximadamente 1 minuto.

2. En un tazón grande y poco profundo, combine el contenido del molinillo de especias con la canela y la pimienta roja y negra. Agrega el aceite y mezcla bien. Frote la mezcla sobre las costillas. Coloca las costillas en el bol. Cubra con film transparente y refrigere por 24 horas, revolviendo ocasionalmente.

3. Coloque una parrilla o asador a unas 6 pulgadas de la fuente de calor. Precaliente la parrilla o el asador. Seque las costillas, luego cocine a la parrilla o ase, volteándolas con frecuencia, hasta que estén doradas y bien cocidas, aproximadamente 20 minutos. Se sirve caliente.

## Costillas y Frijoles

### *Puntini y Fagioli*

**Rinde 6 porciones**

*Cuando sé que tengo una semana ocupada por delante, me gusta hacer guisos como este. Solo mejoran cuando se preparan con anticipación y solo necesitan un recalentamiento rápido para preparar una cena satisfactoria. Sírvelos con verduras cocidas como espinacas o escarola, o una ensalada verde.*

2 cucharadas de aceite de oliva

3 libras de costillas de cerdo al estilo campestre, cortadas en costillas individuales

1 cebolla picada

1 zanahoria picada

1 diente de ajo finamente picado

2 1/2 libras de tomates frescos, pelados, sin semillas y picados, o 1 lata (28 onzas) de tomates pelados y cortados en cubitos

1 ramita de romero (3 pulgadas)

1 taza de agua

Sal y pimienta negra recién molida

3 tazas de frijoles cannellini o arándanos hervidos o enlatados, escurridos

1. En una olla grande u otra olla profunda y pesada con tapa hermética, caliente el aceite a fuego medio. Agregue suficientes costillas para que quepan cómodamente en la sartén. Dóralos bien por todos lados, unos 15 minutos. Transfiera las costillas a un plato. Espolvorear con sal y pimienta. Continuar con las costillas restantes. Cuando todo esté listo, vierte toda la grasa menos 2 cucharadas.

2. Agrega la cebolla, la zanahoria y el ajo a la olla. Cocine, revolviendo con frecuencia, hasta que las verduras estén tiernas, aproximadamente 10 minutos. Agrega las costillas, luego los tomates, el romero, el agua, sal y pimienta al gusto. Llevar a ebullición y cocinar durante 1 hora.

3. Agrega los frijoles, tapa y cocina por 30 minutos o hasta que la carne esté muy tierna y se desprenda del hueso. Prueba y ajusta el sazón. Se sirve caliente.

# Chuletas de cerdo picantes con pimientos encurtidos

## Braciole di Maiale con pepperoncini

**Rinde 4 porciones**

*Los chiles encurtidos y los pimientos dulces encurtidos son un buen aderezo para las jugosas chuletas de cerdo. Ajusta las proporciones de pimientos picantes y dulces a tu gusto y sirve con patatas fritas.*

2 cucharadas de aceite de oliva

4 chuletas de cerdo cortadas en el centro, cada una de aproximadamente 1 pulgada de grosor

Sal y pimienta negra recién molida

4 dientes de ajo, cortados en rodajas finas

1/2 tazas de pimientos dulces encurtidos en rodajas

1/4 taza de pimientos picantes encurtidos en rodajas, como peroncini o jalapeños, o varios pimientos dulces

2 cucharadas de jugo de pepinillos o vinagre de vino blanco

2 cucharadas de perejil fresco picado

1. En una sartén grande y pesada, calienta el aceite a fuego medio-alto. Seque las chuletas con toallas de papel y luego espolvoree con sal y pimienta. Cocine las chuletas hasta que se doren, aproximadamente 2 minutos, luego voltéelas con unas pinzas y dórelas por el otro lado, aproximadamente 2 minutos más.

2. Reduzca el fuego a medio. Distribuya las rodajas de ajo alrededor de las chuletas. Cubra la sartén y cocine de 5 a 8 minutos o hasta que las chuletas estén tiernas y ligeramente rosadas al cortarlas cerca del hueso. Ajusta el fuego para que el ajo no se ponga marrón oscuro. Transfiera las chuletas a una fuente para servir y tápelas para mantenerlas calientes.

3. Agregue los pimientos dulces y picantes y el jugo de pepinillos o vinagre a la sartén. Cocine, revolviendo, durante 2 minutos o hasta que los pimientos estén completamente calientes y los jugos estén almibarados.

4. Agrega el perejil. Vierte el contenido de la sartén sobre las chuletas y sirve inmediatamente.

## Chuletas de cerdo con romero y manzanas

### mi pulsera

**Rinde 4 porciones**

*El sabor agridulce de las manzanas es un complemento perfecto para las chuletas de cerdo. Esta receta es de Friuli-Venezia Giulia.*

4 chuletas de cerdo cortadas en el centro, cada una de aproximadamente 1 pulgada de grosor

Sal y pimienta negra recién molida

1 cucharada de romero recién picado

1 cucharada de mantequilla sin sal

4 deliciosas manzanas doradas, peladas y cortadas en trozos de 1/2 pulgada

$1/2$ taza Sopa de pollo

1. Seca la carne con toallas de papel. Espolvorea ambos lados de las chuletas con sal, pimienta y romero.

2. En una sartén grande y pesada, derrita la mantequilla a fuego medio. Agregue las chuletas y cocine hasta que estén bien doradas por un lado, aproximadamente 2 minutos. Voltee las

chuletas con unas pinzas y dórelas por el otro lado, unos 2 minutos más.

3. Distribuya las manzanas alrededor de las chuletas y vierta el caldo. Tapa la sartén y reduce el fuego. Cocine de 5 a 10 minutos, volteando las chuletas una vez, hasta que estén tiernas y ligeramente rosadas al cortarlas cerca del hueso. Servir inmediatamente.

## Chuletas de cerdo con champiñones y salsa de tomate

### Costolette di Maiale con champiñones

**Rinde 4 porciones**

*Cuando compre chuletas de cerdo, busque chuletas de tamaño y grosor similares para que se cocinen de manera uniforme. Champiñones blancos, vino y tomates son la salsa de estas chuletas de cerdo. El mismo tratamiento es bueno para las chuletas de ternera.*

4 cucharadas de aceite de oliva

4 chuletas de cerdo cortadas en el centro, cada una de aproximadamente 1 pulgada de grosor

Sal y pimienta negra recién molida

1/2 taza de vino blanco seco

1 taza de tomates frescos o enlatados picados

1 cucharada de romero recién picado

1 paquete (12 onzas) de champiñones blancos, ligeramente enjuagados, sin tallos y cortados por la mitad o en cuartos si son grandes

1. En una sartén grande y pesada, caliente 2 cucharadas de aceite a fuego medio. Espolvorea las chuletas con sal y pimienta. Coloca las chuletas en la sartén en una sola capa. Cocine hasta que esté bien dorado por un lado, aproximadamente 2 minutos. Voltee las chuletas con unas pinzas y dore el otro lado, aproximadamente 1 a 2 minutos más. Transfiera las chuletas a un plato.

2. Añade el vino a la cacerola y deja que hierva. Agrega los tomates, el romero y sal y pimienta al gusto. Tape y cocine por 10 minutos.

3. Mientras tanto, en una sartén mediana, calienta las 2 cucharadas de aceite restantes a fuego medio. Agrega los champiñones, sal y pimienta al gusto. Cocine, revolviendo con frecuencia, hasta que el líquido se evapore y los champiñones estén dorados, aproximadamente 10 minutos.

4. Regresa las chuletas de cerdo a la sartén con la salsa de tomate. Agrega los champiñones. Cubra y cocine de 5 a 10 minutos más, o hasta que la carne de cerdo esté bien cocida y la salsa esté ligeramente espesa. Servir inmediatamente.

# Chuletas de cerdo con boletus y vino tinto

## Costillas con champiñones y vino

**Rinde 4 porciones**

*Dorar chuletas u otros cortes de carne agrega sabor y mejora su apariencia. Siempre seque las chuletas antes de freírlas, ya que la humedad en la superficie hará que la carne se cocine al vapor y no se dore. Después de freír, estas chuletas se hierven con boletus secos y vino tinto. Un toque de crema espesa le da a la salsa una textura suave y un rico sabor.*

1 onza de champiñones porcini secos

1 1/2 tazas de agua tibia

2 cucharadas de aceite de oliva

4 chuletas de cerdo cortadas en el centro, de aproximadamente 1 pulgada de grosor

Sal y pimienta negra recién molida

1/2 taza de vino tinto seco

1/4 taza de crema espesa

1. Coloca los champiñones en un recipiente con agua. Déjalo reposar durante 30 minutos. Retire los champiñones del líquido y enjuáguelos bien con agua corriente, prestando especial atención a la base de los tallos donde se acumula la suciedad. Escurrir y luego picar bien. Vierta el líquido de remojo a través de un colador de papel de filtro de café en un bol.

2. En una sartén grande, calienta el aceite a fuego medio. Secar las chuletas. Coloca las chuletas en la sartén en una sola capa. Cocine hasta que esté dorado, aproximadamente 2 minutos. Voltee las chuletas con unas pinzas y dore el otro lado, aproximadamente 1 a 2 minutos más. Espolvorear con sal y pimienta. Transfiera las chuletas a un plato.

3. Agrega el vino a la sartén y cocina a fuego lento durante 1 minuto. Agregue los boletus y el líquido de remojo. Reduzca el fuego a bajo. Cocine a fuego lento durante 5 a 10 minutos o hasta que el líquido se haya reducido. Agrega la nata y cocina por otros 5 minutos.

4. Regresa las chuletas a la sartén. Cocine por otros 5 minutos o hasta que las chuletas estén cocidas y la salsa espese. Servir inmediatamente.

# Chuletas de cerdo con repollo

## Costolette di Maiale con Cavolo Rosso

**Rinde 4 porciones**

*El vinagre balsámico añade color y dulzura a la col lombarda y proporciona un buen equilibrio a la carne de cerdo. No es necesario utilizar vinagre balsámico añejo para esta receta. Guárdelo para usarlo como condimento para queso o carne cocida.*

2 cucharadas de aceite de oliva

4 chuletas de cerdo cortadas en el centro, de aproximadamente 1 pulgada de grosor

Sal y pimienta negra recién molida

1 cebolla grande picada

2 dientes de ajo grandes, finamente picados

2 kilogramos de col lombarda, cortada en tiras finas

1/4 taza de vinagre balsámico

2 cucharadas de agua

1. En una sartén grande, calienta el aceite a fuego medio. Seca las chuletas con toallas de papel. Agrega las chuletas a la sartén. Cocine hasta que esté dorado, aproximadamente 2 minutos. Voltee la carne con unas pinzas y dore el otro lado, aproximadamente 1 a 2 minutos más. Espolvorear con sal y pimienta. Transfiera las chuletas a un plato.

2. Agrega la cebolla a la sartén y cocina por 5 minutos. Agrega el ajo y cocina por 1 minuto más.

3. Agrega repollo, vinagre balsámico, agua y sal al gusto. Tape y cocine, revolviendo ocasionalmente, hasta que el repollo esté tierno, aproximadamente 45 minutos.

4. Agregue las chuletas a la sartén y cocine, volteándolas una o dos veces en la salsa, hasta que la carne esté bien cocida y ligeramente rosada al cortarla cerca del hueso, aproximadamente 5 minutos más. Servir inmediatamente.

# Chuletas de cerdo con hinojo y vino blanco

## Braciole di Maiale con vino

**Rinde 4 porciones**

*No queda mucha salsa en la sartén cuando estas chuletas están listas, solo una cucharada o dos de glaseado concentrado para humedecer la carne. Si prefieres no utilizar semillas de hinojo, intenta sustituirlas por una cucharada de romero fresco.*

2 cucharadas de aceite de oliva

4 chuletas de cerdo cortadas en el centro, de aproximadamente 1 pulgada de grosor

1 diente de ajo, ligeramente machacado

Sal y pimienta negra recién molida

2 cucharaditas de semillas de hinojo

1 taza de vino blanco seco

1. En una sartén grande, calienta el aceite a fuego medio-alto. Secar las chuletas de cerdo. Agrega las chuletas de cerdo y el ajo a la sartén. Cocine hasta que las chuletas estén doradas, aproximadamente 2 minutos. Espolvorea las semillas de hinojo y

sal y pimienta. Voltee las chuletas con unas pinzas y dore el otro lado, aproximadamente 1 a 2 minutos más.

2. Añadir el vino y llevar a ebullición. Cubra y cocine de 3 a 5 minutos o hasta que las chuletas estén bien cocidas y ligeramente rosadas al cortarlas cerca del hueso.

3. Transfiera las chuletas a un plato y deseche el ajo. Cocine los jugos de la sartén hasta que se reduzcan y espesen. Vierte el jugo sobre las chuletas y sirve inmediatamente.

# Chuletas de cerdo, estilo pizza

## Braciole alla Pizzaiola

**Rinde 4 porciones**

*En Nápoles, también se pueden preparar chuletas de cerdo y filetes pequeños alla pizzaiola, al estilo pizzero. La salsa suele servirse sobre espaguetis como primer plato. Las chuletas se sirven como segundo plato con ensalada verde. Debería haber suficiente salsa para medio kilo de espaguetis, con una cucharada o más para servir con las chuletas.*

2 cucharadas de aceite de oliva

4 chuletas de cerdo, de aproximadamente 1 pulgada de grosor

Sal y pimienta negra recién molida

2 dientes de ajo grandes, finamente picados

1 lata (28 onzas) de tomates pelados, escurridos y picados

1 cucharadita de orégano seco

1 pizca de pimiento rojo molido

2 cucharadas de perejil fresco picado

1. En una sartén grande, calienta el aceite a fuego medio. Secar las chuletas y espolvorear con sal y pimienta. Agrega las chuletas a la sartén. Cocine hasta que las chuletas estén doradas, aproximadamente 2 minutos. Voltee las chuletas con unas pinzas y dórelas por el otro lado, unos 2 minutos más. Transfiera las chuletas a un plato.

2. Agrega el ajo a la sartén y cocina por 1 minuto. Agrega los tomates, el orégano, el pimiento rojo y sal al gusto. Lleva la salsa a ebullición. Cocine, revolviendo ocasionalmente, durante 20 minutos o hasta que la salsa se espese.

3. Regrese las chuletas a la salsa. Cocine durante 5 minutos, volteando las chuletas una o dos veces, hasta que estén bien cocidas y ligeramente rosadas al cortarlas cerca del hueso. Espolvorea con perejil. Sirva inmediatamente o, si usa salsa para espaguetis, cubra las chuletas con papel de aluminio para mantenerlas calientes.

# Chuletas de cerdo al estilo molise

## Pampanella Sammartinese

**Rinde 4 porciones**

*Estas chuletas son picantes e inusuales. Hubo un tiempo en que los chefs de Molise secaban sus pimientos rojos dulces al sol para hacer pimentón. Actualmente, en Italia se utiliza pimentón producido comercialmente. En Estados Unidos, utiliza pimentón importado de Hungría para obtener el mejor sabor.*

*Asar chuletas de cerdo es difícil porque se pueden secar muy fácilmente. Vigílalos de cerca y cocínalos hasta que la carne esté ligeramente rosada cerca del hueso.*

¼ taza de pimentón

2 dientes de ajo, picados

1 cucharadita de sal

pimiento rojo molido

2 cucharadas de vinagre de vino blanco

4 chuletas de cerdo cortadas en el centro, de aproximadamente 1 pulgada de grosor

1. En un bol pequeño, mezcla el pimentón, el ajo, la sal y una pizca generosa de pimiento rojo molido. Agrega el vinagre y mezcla hasta homogeneizar. Coloca las chuletas en un plato y extiende la pasta por todos lados. Cubra y refrigere de 1 hora a toda la noche.

2. Coloque una parrilla o asador a unas 6 pulgadas de la fuente de calor. Precaliente la parrilla o el asador. Cocine las chuletas de cerdo hasta que se doren por un lado, aproximadamente 6 minutos, luego voltee la carne con unas pinzas y dore el otro lado, aproximadamente 5 minutos más. Corta las chuletas cerca del hueso; la carne debe quedar ligeramente rosada. Servir inmediatamente.

## *Lomo de cerdo glaseado con balsámico con rúcula y parmigiano*

### Pollo Balsámico Con Ensalada

**Rinde 6 porciones**

*Los lomos de cerdo se cocinan rápidamente y son bajos en grasa. Aquí, las rodajas de cerdo glaseadas se combinan con una crujiente ensalada de rúcula. Si no encuentras rúcula, sustitúyela por berros.*

2 lomos de cerdo (aproximadamente 1 kg cada uno)

1 diente de ajo finamente picado

1 cucharada de vinagre balsámico

1 cucharadita de miel

Sal y pimienta negra recién molida

### Ensalada

2 cucharadas de aceite de oliva

1 cucharada de vinagre balsámico

Sal y pimienta negra recién molida

6 tazas de rúcula picada, enjuagada y seca

Un trozo de Parmigiano-Reggiano

1. Coloca una rejilla en el centro del horno. Precaliente el horno a 450 ° F. Engrase una bandeja para hornear lo suficientemente grande como para contener la carne de cerdo.

2. Seca la carne de cerdo con toallas de papel. Dobla los extremos finos para que tengan un grosor uniforme. Coloque los solomillos a una pulgada de distancia en la sartén.

3. En un tazón pequeño, mezcle el ajo, el vinagre, la miel y sal y pimienta al gusto.

4. Cepille la mezcla sobre la carne. Coloca la carne de cerdo en el horno y hornea por 15 minutos. Vierta 1/2 taza de agua alrededor de la carne. Ase por otros 10 a 20 minutos o hasta que estén dorados y tiernos. (La carne de cerdo estará lista cuando la temperatura interna alcance los 150 °F en un termómetro de lectura instantánea). Retire la carne de cerdo del horno. Déjalo en la bandeja y déjalo reposar al menos 10 minutos.

5. En un tazón grande, mezcle el aceite, el vinagre, la sal y la pimienta al gusto. Agrega la rúcula y mezcla con el aderezo.

Apila la rúcula en el centro de un plato grande o en platos individuales.

6. Corta la carne de cerdo en rodajas finas y colócalas alrededor de las verduras. Rocíe con el jugo de la sartén. Con un pelador de verduras con cuchilla giratoria, ralle rodajas finas de Parmigiano-Reggiano sobre la rúcula. Servir inmediatamente.

## Lomo de cerdo con hierbas

### Filetto di Maiale alle Erbe

**Rinde 6 porciones**

*Ahora se encuentran disponibles lomos de cerdo, generalmente empaquetados en dos paquetes. Son magros y tiernos, aunque no demasiado cocidos, aunque el sabor es muy suave. La parrilla les da más sabor y se pueden servir calientes o a temperatura ambiente.*

2 lomos de cerdo (aproximadamente 1 kg cada uno)

2 cucharadas de aceite de oliva

2 cucharadas de salvia fresca picada

2 cucharadas de albahaca fresca picada

2 cucharadas de romero fresco picado

1 diente de ajo finamente picado

Sal y pimienta negra recién molida

1. Seca la carne con toallas de papel. Coloca los lomos de cerdo en un plato.

2. En un tazón pequeño, mezcle el aceite, las hierbas, el ajo y la sal y pimienta al gusto. Frote la mezcla sobre los músculos. Cubra y refrigere por al menos 1 hora o hasta toda la noche.

3. Precaliente la parrilla o el asador. Ase los lomos durante 7 a 10 minutos o hasta que se doren. Voltee la carne con unas pinzas y cocine 7 minutos más o hasta que un termómetro de lectura instantánea insertado en el centro indique 150° F. Espolvoree con sal. Deja reposar la carne durante 10 minutos antes de cortarla. Servir caliente oa temperatura ambiente.

## *Lomo de cerdo de Calabria con miel y chile*

### carne encantada

**Rinde 6 porciones**

*Más que cualquier otra región de Italia, los chefs de Calabria incorporan pimientos picantes a su cocina. Los pimientos picantes se utilizan frescos, secos, molidos o triturados en hojuelas o en polvo, como pimentón o cayena.*

*En Castrovillari, mi marido y yo comimos en Locanda di Alia, un elegante restaurante y posada rústica. El restaurante más famoso de la región está regentado por los hermanos Alia. Gaetano es el chef, mientras que Pinuccio se encarga del frente de la casa. Su especialidad es la carne de cerdo marinada con hinojo y chiles en salsa de chile con miel. Pinuccio explicó que la receta, que tiene al menos doscientos años, se elaboraba con carne de cerdo en conserva, salada y curada durante varios meses. Esta es una forma más ágil de hacerlo.*

*El polen de hinojo se puede encontrar en muchas tiendas especializadas en hierbas y especias. (Verfuente.) Se pueden utilizar semillas de hinojo trituradas si no hay polen disponible.*

2 lomos de cerdo (aproximadamente 1 kg cada uno)

2 cucharadas de miel

1 cucharadita de sal

1 cucharadita de polen de hinojo o semillas de hinojo trituradas

Una pizca de pimiento rojo molido

1 1/2 taza de jugo de naranja

2 cucharadas de pimentón

1. Coloca una rejilla en el centro del horno. Precaliente el horno a 425 ° F. Engrase una bandeja para hornear lo suficientemente grande como para contener la carne de cerdo.

2. Dobla los extremos delgados del músculo para que tengan un grosor uniforme. Coloque los solomillos a una pulgada de distancia en la sartén.

3. En un tazón pequeño, mezcle la miel, la sal, el polen de hinojo y el pimiento rojo triturado. Cepille la mezcla sobre la carne. Coloca la carne de cerdo en el horno y hornea por 15 minutos.

4. Vierte el jugo de naranja alrededor de la carne. Ase durante 10 a 20 minutos más o hasta que estén dorados y tiernos. (La carne

de cerdo estará lista cuando la temperatura interna alcance los 150 °F en un termómetro de lectura instantánea). Transfiera la carne de cerdo a una tabla de cortar. Cubrir con papel aluminio y mantener caliente mientras preparas la salsa.

5. Pon la bandeja para hornear a fuego medio. Agrega el pimentón y cocina, raspando el fondo de la sartén, durante 2 minutos.

6. Cortar el cerdo en rodajas y servir con la salsa.

# Cerdo asado con patatas y romero

## Arista di Maiale con patatas

**Rinde de 6 a 8 porciones**

*A todo el mundo le encanta este cerdo asado; Es fácil de hacer y las patatas absorben los sabores de la carne de cerdo mientras se cocinan juntas en la misma sartén. Irresistible.*

1 asado de cerdo deshuesado y cortado en el centro (unos 3 kg)

2 cucharadas de romero fresco picado

2 cucharadas de ajo recién picado

4 cucharadas de aceite de oliva

Sal y pimienta negra recién molida

2 kg de patatas nuevas, cortadas por la mitad o en cuartos si son grandes

**1.** Coloca una rejilla en el centro del horno. Precalienta el horno a 425 ° F. Engrasa una sartén lo suficientemente grande como para contener la carne de cerdo y las papas sin que se amontonen.

**2.** En un bol pequeño hacer una pasta con el romero, el ajo, 2 cucharadas de aceite y una cantidad generosa de sal y pimienta. Pon las patatas en una sartén con las 2 cucharadas de aceite restantes y la mitad de la pasta de ajo. Empuje las patatas a un lado y coloque la carne con la grasa hacia arriba en el centro de la sartén. Frote o esparza la pasta restante por toda la carne.

**3.** Ase durante 20 minutos. Dales la vuelta a las patatas. Reduzca el fuego a 350° F. Ase 1 hora más, volteando las papas cada 20 minutos. La carne estará lista cuando la temperatura interna del cerdo alcance los 150 °F en un termómetro de lectura instantánea.

**4.** Transfiera la carne a una tabla de cortar. Cubra sin apretar con papel aluminio y déjelo reposar durante 10 minutos. Las patatas deben quedar doradas y tiernas. Si es necesario, aumenta el fuego y cocínalos un poco más.

**5.** Corta la carne en rodajas y colócala en un plato caliente rodeada de patatas. Se sirve caliente.

## Lomo de cerdo al limón

### pollo con limon

**Rinde de 6 a 8 porciones**

*El lomo de cerdo asado con ralladura de limón es una excelente cena de domingo. Lo sirvo con frijoles cannellini cocidos a fuego lento y una verdura verde como brócoli o coles de Bruselas.*

*Untar con mantequilla el lomo es bastante fácil de hacer usted mismo si sigue las instrucciones; de lo contrario, deja que el carnicero se encargue de ello.*

1 asado de cerdo deshuesado y cortado en el centro (unos 3 kg)

1 cucharadita de cáscara de limón

2 dientes de ajo, finamente picados

2 cucharadas de perejil fresco picado

2 cucharadas de aceite de oliva

Sal y pimienta negra recién molida

1/2 taza de vino blanco seco

1. Coloca una rejilla en el centro del horno. Precalienta el horno a 425° F. Engrasa un molde lo suficientemente grande como para contener la carne.

2. En un tazón pequeño, mezcle la ralladura de limón, el ajo, el perejil, el aceite y sal y pimienta al gusto.

3. Seca la carne con toallas de papel. Para untar la carne de cerdo, colóquela sobre una tabla de cortar. Con un cuchillo largo y afilado, como un cuchillo para deshuesar o un cuchillo de chef, corte la carne de cerdo casi por la mitad a lo largo, deteniéndose aproximadamente a ¾ de pulgada de un lado largo. Abre la carne como un libro. Extienda la mezcla de limón y ajo sobre el lado de la carne. Enrolle la carne de cerdo hacia adelante y hacia atrás como si fuera una salchicha y átela con hilo de cocina a intervalos de 2 pulgadas. Espolvorea el exterior con sal y pimienta.

4. Coloque la carne con la grasa hacia arriba en la sartén preparada. Ase durante 20 minutos. Reduzca el fuego a 350° F. Ase por otros 40 minutos. Agregue el vino y ase durante 15 a 30 minutos más, o hasta que la temperatura en un termómetro de lectura instantánea alcance los 150 °F.

**5.**Transfiera el bistec a una tabla de cortar. Cubra la carne sin apretar con papel de aluminio. Deje reposar 10 minutos antes de cortar. Pon la sartén al fuego a fuego medio y reduce un poco el jugo de la sartén. Corta la carne de cerdo y colócala en una fuente para servir. Vierta los jugos sobre la carne. Se sirve caliente.

## Lomo de cerdo con manzanas y grappa

### Cerdos con Mele

**Rinde de 6 a 8 porciones**

*Manzanas y cebollas combinadas con grappa y romero dan sabor a este sabroso cerdo asado de Friuli-Venezia Giulia.*

1 asado de cerdo deshuesado y cortado en el centro (unos 3 kg)

1 cucharada de romero fresco picado y más para decorar

Sal y pimienta negra recién molida

2 cucharadas de aceite de oliva

2 manzanas Granny Smith u otras manzanas ácidas, peladas y cortadas en rodajas finas

1 cebolla pequeña, en rodajas finas

¼ taza de grapa o brandy

1 1/2 taza de vino blanco seco

1. Coloca una rejilla en el centro del horno. Precalienta el horno a 350° F. Engrasa ligeramente un molde lo suficientemente grande como para contener la carne.

2. Frote la carne de cerdo con romero, sal y pimienta al gusto y aceite de oliva. Coloque la carne con la grasa hacia arriba en la sartén y rodéela con las rodajas de manzana y cebolla.

3. Vierta grapa y vino sobre la carne. Ase durante 1 hora y 15 minutos o hasta que un termómetro de lectura instantánea insertado en el centro indique 150° F. Transfiera la carne a una tabla de cortar y cubra con papel de aluminio para mantenerla caliente.

4. Las manzanas y las cebollas deben estar blandas. De lo contrario, regresa el molde al horno y hornea por otros 15 minutos.

5. Cuando estén tiernas, ralla las manzanas y las cebollas en un procesador de alimentos o licuadora. Haga puré hasta que quede suave. (Agregue una cucharada o dos de agua tibia para diluir la mezcla si es necesario).

6. Corta la carne en rodajas y colócala en un plato caliente. Reserve el puré de manzana y la cebolla. Adorne con romero fresco. Se sirve caliente.

# Cerdo asado con avellanas y nata

## Arroz Maiale alle Nocciole

**Rinde de 6 a 8 porciones**

*Esta es una variación de una receta piamontesa de asado de cerdo que apareció por primera vez en mi libro Italian Christmas Cooking. Aquí la nata, junto con las avellanas, enriquecen la salsa.*

1 asado de cerdo deshuesado y cortado en el centro (unos 3 kg)

2 cucharadas de romero fresco picado

2 dientes de ajo grandes, finamente picados

2 cucharadas de aceite de oliva

Sal y pimienta negra recién molida

1 taza de vino blanco seco

½ taza de avellanas, tostadas, peladas y picadas en trozos grandes (ver Cómo tostar y pelar nueces)

1 taza casera caldo de carne O Sopa de pollo o caldo de carne o pollo comprado en la tienda

1 1/2 taza de crema espesa

1. Coloca una rejilla en el centro del horno. Precalienta el horno a 425° F. Engrasa un molde lo suficientemente grande como para contener la carne.

2. En un tazón pequeño, mezcle el romero, el ajo, el aceite y sal y pimienta al gusto. Coloque la carne con la grasa hacia arriba en la sartén. Frote la mezcla de ajo por toda la carne de cerdo. Asa la carne durante 15 minutos.

3. Vierta el vino sobre la carne. Cocine durante 45 a 60 minutos más, o hasta que la temperatura de la carne de cerdo alcance los 150 °F en un termómetro de lectura instantánea y la carne esté tierna al pincharla con un tenedor. Mientras tanto, prepara las avellanas, si es necesario.

4. Transfiera la carne a una tabla de cortar. Cubrir con papel de aluminio para mantener el calor.

5. Coloque la sartén a fuego medio en la estufa y hierva los jugos. Agregue el caldo y cocine a fuego lento durante 5 minutos, raspando y removiendo los trozos dorados del fondo de la sartén con una cuchara de madera. Agrega la crema y cocina hasta que espese un poco, unos 2 minutos más. Agrega las nueces picadas y retira del fuego.

**6.**Corta la carne en rodajas y colócalas en una fuente caliente para servir. Vierta la salsa sobre el cerdo y sirva caliente.

## *lomo de cerdo toscano*

### *Arista de Maiale*

**Rinde de 6 a 8 porciones**

*Aquí tienes un clásico asado de cerdo al estilo toscano. Cocinar la carne con hueso la hace mucho más sabrosa y los huesos también son excelentes para hacer jugo.*

3 dientes de ajo grandes

2 cucharadas de romero fresco

Sal y pimienta negra recién molida

2 cucharadas de aceite de oliva

1 filete de costilla con hueso, corte central, unos 4 kg

1 taza de vino blanco seco

1. Coloca una rejilla en el centro del horno. Precalienta el horno a 325° F. Engrasa un molde lo suficientemente grande como para contener el bistec.

2. Pica finamente el ajo y el romero y luego colócalos en un tazón pequeño. Agrega sal y pimienta al gusto y mezcla bien hasta

formar una pasta. Coloque el filete con el lado grueso hacia arriba en la sartén. Con un cuchillo pequeño, haz cortes profundos por toda la superficie del cerdo, luego inserta la mezcla en los trozos. Unte todo el filete con aceite de oliva.

3. Ase durante 1 hora y 15 minutos o hasta que la carne alcance una temperatura interna de 150°F en un termómetro de lectura instantánea. Transfiera la carne a una tabla de cortar. Cubrir con papel de aluminio para mantener el calor. Déjalo reposar durante 10 minutos.

4. Pon la sartén a fuego lento en la estufa. Agregue el vino y cocine, raspando y removiendo los trozos dorados del fondo de la sartén con una cuchara de madera, hasta que se reduzca ligeramente, aproximadamente 2 minutos. Vierta los jugos a través de un colador en un bol y retire la grasa. Vuelva a calentar si es necesario.

5. Corta la carne en rodajas y colócala en una fuente caliente para servir. Servir caliente con los jugos de la sartén.

# Paletilla de cerdo asada con hinojo

## Porchetta

**Rinde 12 porciones**

*Esta es mi versión del fabuloso cerdo asado conocido como porchetta, que se vende en todo el centro de Italia, incluidos Lacio, Umbría y Abruzos. Las chuletas de cerdo se venden en camiones especiales y puedes pedirlas en sándwich o envueltas en papel para llevar a casa. Aunque la carne está deliciosa, la piel de cerdo crujiente es la mejor parte.*

*El bistec se cocina durante mucho tiempo y a alta temperatura porque queda muy denso. El alto contenido de grasa mantiene la carne húmeda y la piel se dora y queda crujiente. La paleta de cerdo se puede sustituir por jamón fresco.*

1 (£ 7) paleta de cerdo asada

8 a 12 dientes de ajo

2 cucharadas de romero fresco picado

1 cucharada de semillas de hinojo

1 cucharada de sal

1 cucharadita de pimienta negra recién molida

1/4 taza de aceite de oliva

1. Aproximadamente 1 hora antes de empezar a asar la carne, sácala del frigorífico.

2. Pica finamente el ajo, el romero, el hinojo y la sal, luego pon las especias en un bol pequeño. Agregue pimienta y aceite para formar una pasta suave.

3. Con un cuchillo pequeño, haga cortes profundos en la superficie del cerdo. Inserta la pasta en las ranuras.

4. Coloque una rejilla en el tercio inferior del horno. Precalienta el horno a 350° F. Cuando esté listo, coloca el bistec en el horno y cocina por 3 horas. Retire el exceso de grasa con una cuchara. Ase la carne durante 1 a 1 1/2 horas más o hasta que la temperatura alcance los 160 °F en un termómetro de lectura instantánea. Cuando la carne esté cocida, la grasa estará crujiente y de color marrón oscuro.

5. Transfiera la carne a una tabla de cortar. Cubrir con papel de aluminio para mantener caliente y dejar reposar durante 20 minutos. Cortar y servir caliente o a temperatura ambiente.

# Carne de cerdo

## Maialino Arrosto

**Rinde de 8 a 10 porciones**

*Un lechón es aquel al que no se le ha permitido comer comida para cerdos adultos. En Estados Unidos, los lechones suelen pesar entre 15 y 20 libras, aunque en Italia pesan la mitad de ese tamaño. Incluso con el mayor peso, realmente no hay mucha carne en un cochinillo, así que no planees servir a más de ocho o diez invitados. Además, asegúrese de tener una bandeja para hornear muy grande para acomodar un lechón entero, que medirá aproximadamente 12 pulgadas de largo, y asegúrese de que el horno se ajuste a la bandeja. Cualquier buen carnicero debería poder encontrarle un lechón fresco, pero investigue antes de planificar.*

*Los chefs sardos son famosos por su carne de cerdo, pero yo la he comido en muchos lugares de Italia. El que mejor recuerdo fue parte de un almuerzo memorable que disfrutamos en la bodega Majo di Norante en Abruzzo.*

1 cerdo lechero, unos 15 kilogramos

4 dientes de ajo

2 cucharadas de perejil fresco picado

1 cucharada de romero recién picado

1 cucharada de salvia fresca picada

1 cucharadita de bayas de enebro picadas

Sal y pimienta negra recién molida

6 cucharadas de aceite de oliva

2 hojas de laurel

1 taza de vino blanco seco

Manzana, naranja u otra fruta para decorar (opcional)

1. Coloque una rejilla en el tercio inferior del horno. Precaliente el horno a 425 ° F. Engrase una bandeja para hornear lo suficientemente grande como para contener la carne de cerdo.

2. Enjuague bien la carne de cerdo por dentro y por fuera y séquela con toallas de papel.

3. Pica el ajo, el perejil, el romero, la salvia y las bayas de enebro, luego coloca las especias en un tazón pequeño. Agrega una cantidad generosa de sal y pimienta recién molida. Agrega dos cucharadas de aceite.

4. Coloque la carne de cerdo de lado sobre una rejilla grande en la sartén preparada y extienda la mezcla de hierbas en la cavidad del cuerpo. Agrega las hojas de laurel. Haga cortes de aproximadamente 1/2 pulgada de profundidad a ambos lados del lomo. Frote el aceite restante por toda la carne de cerdo. Cubre las orejas y la cola con papel de aluminio. (Si desea servir el cerdo entero con una manzana u otra fruta en la boca, mantenga la boca abierta con una bola de papel de aluminio del tamaño de la fruta). Espolvoree el exterior con sal y pimienta.

5. Freír el cerdo durante 30 minutos. Reduzca el fuego a 350° F. Desglase con vino. Ase de 2 a 21/2 horas adicionales o hasta que un termómetro de lectura instantánea insertado en la parte carnosa del cuarto trasero registre 170° F. Rocíe cada 20 minutos con el jugo de la sartén.

6. Transfiera la carne de cerdo a una tabla de cortar grande. Cubrir con papel de aluminio y dejar reposar durante 30 minutos. Retire la cubierta de papel de aluminio y la bola de papel de aluminio de la boca, si la usa. Reemplace la bola de papel de aluminio con fruta, si la usa. Transfiera a una fuente para servir y sirva caliente.

7. Quite la grasa de los jugos de la sartén y caliente a fuego lento. Vierta los jugos sobre la carne. Servir inmediatamente.

## *Cerdo asado deshuesado y sazonado*

## Pollo en Porchetta

**Rinde de 6 a 8 porciones**

*El lomo de cerdo deshuesado se asa con las mismas especias que se utilizan para la porchetta (cerdo asado) en muchas partes del centro de Italia. Después de un breve período de cocción a fuego alto, se baja la temperatura del horno, lo que mantiene la carne tierna y jugosa.*

4 dientes de ajo

1 cucharada de romero fresco

6 hojas frescas de salvia

6 bayas de enebro

1 cucharadita de sal

1/2 cucharadita de pimienta negra recién molida

1 lomo de cerdo asado deshuesado y cortado en el centro, aproximadamente 3 libras

Aceite de oliva virgen extra

1 taza de vino blanco seco

1. Coloca una rejilla en el centro del horno. Precalienta el horno a 450 °F. Engrasa un molde lo suficientemente grande como para contener la carne de cerdo.

2. Picar finamente el ajo, el romero, la salvia y las bayas de enebro. Agregue la mezcla de hierbas, sal y pimienta.

3. Con un cuchillo grande y afilado, corte la carne a lo largo por el centro, dejándola adherida por un lado. Abra la carne como un libro y extienda dos tercios de la mezcla de especias sobre la carne. Cierra la carne y átala con cordel a intervalos de 2 pulgadas. Frote el resto de la mezcla de especias por fuera. Pon la carne en la sartén. Rocíe con aceite de oliva.

4. Freír el cerdo durante 10 minutos. Reduzca el fuego a 300°F y ase por otros 60 minutos o hasta que la temperatura interna de la carne de cerdo alcance los 150°F.

5. Retire el filete a una fuente para servir y cúbralo con papel de aluminio. Déjalo reposar durante 10 minutos.

6. Agrega el vino a la sartén y colócalo a fuego medio en la estufa. Cocine, raspando los trozos marrones de la sartén con una cuchara de madera, hasta que el jugo se reduzca y espese. Cortar

la carne de cerdo y verter sobre los jugos de la sartén. Se sirve caliente.

# Paletilla de cerdo a la plancha en leche

## Cerdos de café con leche

**Rinde de 6 a 8 porciones**

*En Lombardía y Véneto, a veces se cocinan ternera, cerdo y pollo en leche. Esto mantiene la carne tierna y, cuando esté lista, la leche forma una salsa marrón cremosa para servir con la carne.*

*Las verduras, la panceta y el vino aportan sabor. Utilizo una paleta deshuesada o un filete de lomo para este plato, ya que se presta bien para una cocción lenta y húmeda. La carne se cocina en la estufa, por lo que no es necesario encender el horno.*

1 lomo o lomo de cerdo deshuesado (unos 3 kg)

4 onzas de tocino, finamente picado

1 zanahoria finamente picada

1 costilla pequeña de apio tierno

1 cebolla mediana, finamente picada

1 litro de leche

Sal y pimienta negra recién molida

1/2 taza de vino blanco seco

1. En una olla grande u otra olla profunda y pesada con tapa hermética, combine la carne de cerdo, la panceta, la zanahoria, el apio, la cebolla, la leche y la sal y pimienta al gusto. Lleva el líquido a ebullición a fuego medio.

2. Cubra parcialmente la olla y cocine a fuego medio, volteando ocasionalmente, aproximadamente 2 horas o hasta que la carne esté tierna al pincharla con un tenedor.

3. Transfiera la carne a una tabla de cortar. Cubrir con papel de aluminio para mantener el calor. Sube el fuego debajo de la olla y cocina hasta que el líquido se reduzca y se dore ligeramente. Vierta los jugos a través de un colador en un recipiente, luego vierta el líquido nuevamente en la olla.

4. Vierta el vino en la olla y déjelo hervir, raspando y removiendo los trozos dorados con una cuchara de madera. Cortar el cerdo en rodajas y colocarlo en un plato caliente. Vierta el líquido de cocción por encima. Se sirve caliente.

# Paletilla de cerdo estofada con uvas

## Cerdos todos 'Uva

**Rinde de 6 a 8 porciones**

*La paleta o lomo de cerdo es especialmente bueno para estofar. Se mantiene agradable y húmedo a pesar de la larga cocción a fuego lento. Hice esta receta siciliana con lomo de cerdo, pero ahora encuentro el lomo demasiado magro y la paleta tiene más sabor.*

1 kilo de cebollas perla

3 kilos de paleta o lomo de cerdo deshuesado, enrollado y atado

2 cucharadas de aceite de oliva

Sal y pimienta negra recién molida

1/4 taza de vinagre de vino blanco

1 libra de uvas verdes con semillas y tallos (aproximadamente 3 tazas)

1. Traiga una olla grande con agua a hervir. Agrega la cebolla y cocina por 30 segundos. Escurrir y enfriar con agua corriente fría.

2. Con un cuchillo de pelar afilado, afeite la punta de los extremos de la raíz. No cortes los extremos demasiado profundo o la cebolla se deshará durante la cocción. Quitar la piel.

3. En una olla lo suficientemente grande como para contener la carne u otra olla profunda y pesada con tapa hermética, caliente el aceite a fuego medio-alto. Seca la carne de cerdo con toallas de papel. Pon la carne de cerdo en la olla y dórala bien por todos lados, unos 20 minutos. Inclina la olla y retira la grasa con una cuchara. Sazone la carne de cerdo con sal y pimienta.

4. Agrega el vinagre y deja que hierva, raspando los trozos dorados del fondo de la olla con una cuchara de madera. Agrega la cebolla y 1 taza de agua. Reduzca el fuego a bajo y cocine a fuego lento durante 1 hora.

5. Agrega las uvas. Cocine por otros 30 minutos o hasta que la carne esté muy tierna al pincharla con un tenedor. Transfiera la carne a una tabla de cortar. Cubrir con papel de aluminio para mantener caliente y dejar reposar durante 15 minutos.

6. Cortar el cerdo en rodajas y colocarlo en un plato caliente. Vierta sobre la salsa de uvas y cebolla y sirva inmediatamente.

## Paletilla de cerdo a la cerveza

### Maiale alla Birra

**Rinde 8 porciones**

*Las piernas de cerdo frescas se cocinan de esta manera en Trentino-Alto Adige, pero como este corte no está ampliamente disponible en los Estados Unidos, uso las mismas especias para cocinar una paleta con hueso. Habrá mucha grasa al final del tiempo de cocción, pero se puede quitar fácilmente de la superficie del líquido de cocción. Mejor aún, cocine la carne de cerdo el día antes de servirla y refrigere la carne y los jugos de cocción por separado. La grasa se endurecerá y se podrá quitar fácilmente. Vuelva a calentar la carne de cerdo en el líquido de cocción antes de servir.*

5 a 7 libras de paleta de cerdo con hueso (picnic o trasero de Boston)

Sal y pimienta negra recién molida

2 cucharadas de aceite de oliva

1 cebolla mediana, finamente picada

2 dientes de ajo, finamente picados

2 ramitas de romero fresco

2 hojas de laurel

12 onzas de cerveza

1. Seca la carne de cerdo con toallas de papel. Espolvorea la carne con sal y pimienta.

2. En una olla grande u otra olla profunda y pesada con tapa hermética, caliente el aceite a fuego medio. Pon la carne de cerdo en la olla y dórala bien por todos lados, unos 20 minutos. Recorte toda la grasa excepto 1 o 2 cucharadas.

3. Espolvorea la cebolla, el ajo, el romero y las hojas de laurel sobre toda la carne y cocina por 5 minutos. Agrega la cerveza y hierve.

4. Tape la olla y cocine, volteando la carne de vez en cuando, durante 2 1/2 a 3 horas, o hasta que la carne esté tierna al pincharla con un cuchillo.

5. Colar el jugo de la sartén y quitarle la grasa. Cortar el cerdo y servir con los jugos de la sartén. Se sirve caliente.

## Chuletas de cordero al vino blanco

### Braciole di Agnello con vino blanco

**Rinde 4 porciones**

*A continuación se presenta una forma básica de preparar chuletas de cordero, que se pueden preparar con cortes tiernos de piel o costilla, o con chuletas de paleta más masticables pero mucho menos costosas. Para obtener el mejor sabor, retire el exceso de grasa de la carne y cocine las chuletas hasta que estén rosadas en el centro.*

2 cucharadas de aceite de oliva

8 chuletas de cordero de 1 pulgada de grosor, recortadas

4 dientes de ajo, ligeramente picados

3 o 4 ramitas de romero (2 pulgadas)

Sal y pimienta negra recién molida

1 taza de vino blanco seco

1. En una sartén lo suficientemente grande como para contener cómodamente las chuletas en una sola capa, calienta el aceite a fuego medio-alto. Cuando el aceite esté caliente, seca las chuletas. Sazone las chuletas con sal y pimienta y luego

colóquelas en la sartén. Cocine hasta que las chuletas estén doradas, aproximadamente 4 minutos. Espolvorea el ajo y el romero alrededor de la carne. Con unas pinzas, voltea las chuletas y cocina por el otro lado, aproximadamente 3 minutos. Transfiera las chuletas a un plato.

2. Añade el vino a la cacerola y deja que hierva. Cocine, raspando y removiendo los trozos dorados en el fondo de la sartén, hasta que el vino se reduzca y espese un poco, aproximadamente 2 minutos.

3. Regrese las chuletas a la sartén y cocine por otros 2 minutos, volteándolas en la salsa una o dos veces hasta que estén rosadas cuando se cortan cerca del hueso. Transfiera las chuletas a un plato, vierta el jugo de la sartén sobre las chuletas y sirva inmediatamente.

# Chuletas de cordero con alcaparras, limón y salvia

## Braciole di Agnello con alcaparras

**Rinde 4 porciones**

*Vecchia Roma es uno de mis restaurantes romanos favoritos. En el borde del antiguo gueto, tiene un bonito jardín al aire libre para cenar cuando el clima es cálido y soleado, pero también disfruto de los acogedores comedores interiores cuando hace frío o llueve. Este cordero está inspirado en un plato que probé allí elaborado con pepitas de cordero lechal. En cambio, lo adapté a chuletas tiernas, porque están ampliamente disponibles aquí.*

1 cucharada de aceite de oliva

8 chuletas de cordero de 1 pulgada de grosor, recortadas

Sal y pimienta negra recién molida

1/2 taza de vino blanco seco

3 cucharadas de jugo de limón fresco

3 cucharadas de alcaparras, escurridas y picadas

6 hojas frescas de salvia

1. En una sartén grande, calienta el aceite a fuego medio-alto. Secar las chuletas. Cuando el aceite esté caliente, espolvorear con sal y pimienta, luego poner las chuletas en la sartén. Cocine hasta que las chuletas estén doradas, aproximadamente 4 minutos. Con unas pinzas, voltea las chuletas y cocina por el otro lado, aproximadamente 3 minutos. Transfiera las chuletas a un plato.

2. Retire la grasa de la sartén. Reduzca el fuego a bajo. Agrega el vino, el jugo de limón, las alcaparras y la salvia a la sartén. Llevar a ebullición y cocinar durante 2 minutos o hasta que esté ligeramente almibarado.

3. Regrese las chuletas a la sartén y voltéelas una o dos veces hasta que estén completamente calientes y rosadas cuando se corten cerca del hueso. Servir inmediatamente.

## Chuletas de cordero crujientes

### Braciolettes crujientes

**Rinde 4 porciones**

*En Milán comí chuletas de cabra preparadas de esta manera, acompañadas de corazones de alcachofa fritos en la misma masa crujiente. Los rumanos utilizan pequeñas chuletas de cordero en lugar de cabra y omiten el queso. De cualquier manera, una ensalada crujiente es el acompañamiento perfecto.*

8 a 12 chuletas de cordero, de aproximadamente ¾ de pulgada de grosor, bien recortadas

2 huevos grandes

Sal y pimienta negra recién molida

1 1/4 tazas de pan rallado seco

1/2 taza de Parmigiano-Reggiano recién rallado

Aceite de oliva para freír

1. Coloque las chuletas en una tabla de cortar y golpee la carne suavemente hasta que tenga aproximadamente 1/2 pulgada de grosor.

2. En un recipiente poco profundo batir los huevos con sal y pimienta al gusto. Mezclar el pan rallado con el queso sobre una hoja de papel encerado.

3. Sumergir las chuletas una a una en los huevos, luego pasarlas por el pan rallado, batiéndolas bien en el pan rallado.

4. Enciende el horno a fuego lento. Vierta aproximadamente 1/2 pulgada de aceite en una sartén profunda. Calienta el aceite a fuego medio-alto hasta que parte de la mezcla de huevo se cocine rápidamente cuando se vierte en el aceite. Con unas pinzas, coloque con cuidado algunas de las chuletas en el aceite sin abarrotar la sartén. Cocine hasta que esté dorado y crujiente, de 3 a 4 minutos. Voltee las chuletas con unas pinzas y dórelas durante 3 minutos. Escurrir las chuletas sobre una toalla de papel. Mantén las chuletas fritas calientes en el horno mientras fríes el resto. Se sirve caliente.

# Chuletas de cordero con alcachofas y aceitunas

## Costolette di Agnello de Carciofi e Olive

**Rinde 4 porciones**

*Todos los ingredientes de este plato se cocinan en la misma sartén, por lo que los sabores complementarios del cordero, las alcachofas y las aceitunas se mezclan fácilmente. Una verdura brillante como zanahorias o tomates maduros sería un buen acompañamiento.*

2 cucharadas de aceite de oliva

8 costillas o chuletas de cordero, de aproximadamente 1 pulgada de grosor, recortadas

Sal y pimienta negra recién molida al gusto.

2 cucharadas de aceite de oliva

3 1/4 taza de vino blanco seco

8 alcachofas pequeñas o 4 medianas, peladas y cortadas en octavos

1 diente de ajo finamente picado

1 1/2 taza de aceitunas negras pequeñas y suaves, como Gaeta

1 cucharada de perejil fresco picado

1. En una sartén lo suficientemente grande como para contener las chuletas en una sola capa, calienta el aceite a fuego medio. Seque el cordero con palmaditas. Cuando el aceite esté caliente, espolvorea las chuletas con sal y pimienta y luego colócalas en la sartén. Cocine hasta que las chuletas se doren, 3-4 minutos. Con unas pinzas, voltee las chuletas para que se doren por el otro lado, aproximadamente 3 minutos. Transfiera las chuletas a un plato.

2. Enciende el fuego a medio-bajo. Añadir el vino y llevar a ebullición. Cocine por 1 minuto. Agrega la alcachofa, el ajo y sal y pimienta al gusto. Tapa la sartén y cocina por 20 minutos o hasta que las alcachofas estén tiernas.

3. Agrega las aceitunas y el perejil y cocina por 1 minuto más. Regrese las chuletas a la sartén y cocine, volteando el cordero una o dos veces, hasta que esté completamente caliente. Servir inmediatamente.

## Chuletas de cordero con salsa de tomate, alcaparras y anchoas

### Costelette d'Agnello en salsa

**Rinde 4 porciones**

*Una salsa de tomate picante da sabor a estas chuletas al estilo calabrés. Las chuletas de cerdo también se pueden cocinar de esta forma.*

2 cucharadas de aceite de oliva

8 costillas o chuletas de cordero, de aproximadamente ¾ de pulgada de grosor, recortadas

6 a 8 tomates pera, pelados, sin semillas y picados

4 filetes de anchoa, picados

1 cucharada de alcaparras, escurridas y picadas

2 cucharadas de perejil fresco picado

1. En una sartén lo suficientemente grande como para contener cómodamente las chuletas en una sola capa, calienta el aceite a fuego medio. Cuando el aceite esté caliente, seca las chuletas.

Sazone las chuletas con sal y pimienta, luego agréguelas a la sartén. Cocine hasta que las chuletas estén doradas, aproximadamente 4 minutos. Con unas pinzas, voltea las chuletas y cocina por el otro lado, aproximadamente 3 minutos. Transfiera las chuletas a un plato.

2. Agrega los tomates, las anchoas y las alcaparras a la sartén. Agrega una pizca de sal y pimienta al gusto. Cocine por 5 minutos o hasta que espese un poco.

3. Regrese las chuletas a la sartén y cocine, volteándolas una o dos veces en la salsa, hasta que estén calientes y rosadas cuando se corten cerca del hueso. Espolvorea con perejil y sirve inmediatamente.

# *Quema tus dedos chuletas de cordero*

## *Viaje Agnello Scottadito*

**Rinde 4 porciones**

*En la receta que inspiró este plato, extraída de un antiguo libro de cocina de Umbría, la grasa de prosciutto finamente picada da sabor al cordero. La mayoría de las cocinas actuales sustituyen el aceite de oliva. Las chuletas de cordero también quedan buenas de esta forma.*

*El nombre probablemente proviene de la idea de que las chuletas son tan deliciosas que no puedes evitar comerlas de inmediato: calientes, recién salidas de la parrilla o de la sartén.*

1 1/4 taza de aceite de oliva

2 dientes de ajo, finamente picados

1 cucharada de romero recién picado

1 cucharadita de tomillo recién picado

8 chuletas de cordero, de aproximadamente 1 pulgada de grosor, recortadas

Sal y pimienta negra recién molida

1. En un tazón pequeño, mezcle el aceite, el ajo, las hierbas y sal y pimienta al gusto. Unte la mezcla sobre el cordero. Cubra y refrigere por 1 hora.

2. Coloque una parrilla o asador a unas 5 pulgadas de distancia de la fuente de calor. Precaliente la parrilla o el asador.

3. Retire un poco de la marinada. Asa o asa las chuletas hasta que estén doradas y crujientes, aproximadamente 5 minutos. Con unas pinzas, voltee las chuletas y cocine hasta que estén doradas y ligeramente rosadas en el centro, unos 5 minutos más. Se sirve caliente.

# Cordero a la brasa al estilo basílica

## Agnello allo Spiedo

**Rinde 4 porciones**

*La Basílica de San Francisco puede ser mejor conocida por su representación en Cristo arrestado en Éboli de Carlo Levi. El autor pintó un retrato sombrío de la región antes de la Segunda Guerra Mundial, cuando muchos prisioneros políticos fueron enviados al exilio. Hoy en día, Basílicata, aunque todavía escasamente poblada, es próspera y muchos turistas se aventuran allí en busca de las hermosas playas cercanas a Maratea.*

*El cerdo y el cordero son carnes típicas de esta región, y los dos se combinan en esta receta. La panceta que rodea los dados de cordero queda crujiente y sabrosa. Mantiene el cordero húmedo y agrega sabor mientras se asa.*

1 1/2 libras de pierna de cordero deshuesada, cortada en trozos de 2 pulgadas

2 dientes de ajo, finamente picados

1 cucharada de romero recién picado

Sal y pimienta negra recién molida

4 onzas de tocino en rodajas finas

1/4 taza de aceite de oliva

2 cucharadas de vinagre de vino tinto

1. Coloque una parrilla o asador a unas 5 pulgadas de la fuente de calor. Precaliente la parrilla o el asador.

2. En un tazón grande, mezcle el cordero con el ajo, el romero y sal y pimienta al gusto.

3. Desenvuelve las rebanadas de tocino. Envuelva una rodaja de panceta alrededor de cada trozo de cordero.

4. Coloque el cordero en brochetas de madera, asegurando la panceta en su lugar con las brochetas. Colocar las piezas juntas sin que se amontonen. En un tazón pequeño, mezcle el aceite y el vinagre. Unte la mezcla sobre el cordero.

5. Asa o asa las brochetas, volteándolas de vez en cuando, hasta que estén cocidas al gusto; De 5 a 6 minutos para las brochetas a fuego medio. Se sirve caliente.

# Brochetas de cordero a la parrilla

## Arrosticini

**Rinde 4 porciones**

*En Abruzzo, se marinan pequeños trozos de cordero, se ensartan en brochetas de madera y se asan a la parrilla sobre fuego caliente. Las brochetas hervidas se sirven de pie en una taza o jarra alta, y cada uno se sirve, comiendo el cordero directamente de los palitos. Son ideales para un buffet, servidos con pimientos fritos o salsas.*

2 dientes de ajo

Sal

1 libra de pierna de cordero, recortada y cortada en trozos de ¾ de pulgada

3 cucharadas de aceite de oliva virgen extra

2 cucharadas de menta fresca picada

1 cucharadita de tomillo recién picado

Pimienta negra recién molida

1. Picar el ajo muy fino. Espolvorea el ajo con una pizca de sal y tritúralo con el costado de un cuchillo de chef grande y pesado hasta obtener una pasta fina.

2. En un tazón grande, mezcle el cordero con la pasta de ajo, el aceite, las hierbas y sal y pimienta al gusto. Cubra y deje marinar a temperatura ambiente durante 1 hora o en el refrigerador durante varias horas o toda la noche.

3. Coloque una parrilla o asador a unas 5 pulgadas de la fuente de calor. Precaliente la parrilla o el asador.

4. Coloca la carne en las brochetas. Colocar las piezas juntas sin que se amontonen. Asa o asa el cordero durante 3 minutos o hasta que se dore. Voltee la carne con unas pinzas y cocine por otros 2 a 3 minutos, o hasta que esté dorada por fuera pero aún rosada en el centro. Se sirve caliente.

## Guiso de cordero con romero, menta y vino blanco

### Agnello en Umido

**Rinde 4 porciones**

*La paleta de cordero es ideal para picar. La carne tiene suficiente humedad para resistir una cocción lenta y prolongada y, aunque está poco cocida, queda tierna en un guiso. Si solo tienes paletilla de cordero con hueso, puedes adaptarla a recetas de guisos. Lea una libra extra de carne con hueso, dependiendo de qué tan huesuda esté. Cocine el cordero con hueso unos 30 minutos más que el cordero con hueso, o hasta que la carne se desprenda del hueso.*

2 1/2 kg de paleta de cordero deshuesada, cortada en trozos de 2 pulgadas

1 1/4 taza de aceite de oliva

Sal y pimienta negra recién molida al gusto.

1 cebolla grande picada

4 dientes de ajo, picados

2 cucharadas de romero fresco picado

2 cucharadas de perejil fresco picado

1 cucharada de menta fresca picada

1/2 taza de vino blanco seco

Aproximadamente 1/2 taza de caldo de res (caldo de carne) o agua

2 cucharadas de pasta de tomate

1. En una olla grande u otra olla profunda y pesada con tapa hermética, caliente el aceite a fuego medio. Seque el cordero con toallas de papel. Coloque tantos trozos de cordero en la olla como quepan cómodamente en una sola capa. Cocine, revolviendo con frecuencia, hasta que se dore por todos lados, aproximadamente 20 minutos. Transfiera el cordero dorado a un plato. Espolvorear con sal y pimienta. Cocine el cordero restante de la misma forma.

2. Cuando toda la carne esté dorada retiramos el exceso de grasa con una cuchara. Agrega la cebolla, el ajo y las hierbas y mezcla bien. Cocine hasta que la cebolla se ablande, aproximadamente 5 minutos.

3. Agregue el vino y cocine a fuego lento, raspando y removiendo los trozos dorados del fondo de la olla. Cocine por 1 minuto.

4. Agrega el caldo y la pasta de tomate. Reduzca el fuego a bajo. Tape y cocine durante 1 hora, revolviendo ocasionalmente, o

hasta que el cordero esté tierno. Agrega un poco de agua si la salsa se vuelve demasiado seca. Se sirve caliente.

# Estofado de cordero de Umbría con puré de garbanzos

## Agnello del Colle

**Rinde 6 porciones**

*El cebollino y el puré de patatas son acompañamientos habituales de los guisos en Italia, por eso me sorprendió cuando este guiso se sirvió con puré de garbanzos en Umbría. Los garbanzos enlatados funcionan bien o puedes cocinar los garbanzos secos con anticipación.*

2 cucharadas de aceite de oliva

3 libras de paleta de cordero deshuesada, cortada en trozos de 2 pulgadas

Sal y pimienta negra recién molida

2 dientes de ajo, finamente picados

1 taza de vino blanco seco

1/2 tazas de tomates frescos o enlatados picados

1 paquete (10 onzas) de champiñones blancos, rebanados

2 latas (16 onzas) de garbanzos o 5 tazas de garbanzos cocidos

Aceite de oliva virgen extra

1. En una olla grande u otra olla profunda y pesada con tapa hermética, caliente el aceite a fuego medio. Coloque suficientes trozos de cordero en la olla para que quepan cómodamente en una sola capa. Cocine, revolviendo ocasionalmente, hasta que se dore por todos lados, aproximadamente 20 minutos. Transfiera el cordero dorado a un plato. Espolvorear con sal y pimienta. Cocine el cordero restante de la misma forma.

2. Cuando toda la carne esté dorada, retira el exceso de grasa de la sartén. Espolvorea el ajo en la sartén y cocina por 1 minuto. Agrega el vino. Con una cuchara de madera, raspe y revuelva los trozos dorados del fondo de la sartén. Llevar a ebullición y cocinar durante 1 minuto.

3. Regresa el cordero a la olla. Añade los tomates y los champiñones y cocina a fuego lento. Reduzca el fuego a bajo. Tape y cocine, revolviendo ocasionalmente, durante 1 1/2 horas o hasta que el cordero esté tierno y la salsa se reduzca. Si hay demasiado líquido, retira la tapa durante los últimos 15 minutos.

4. Justo antes de servir, calienta los garbanzos y su líquido en una cacerola mediana. Luego transfiérelos a un procesador de alimentos para hacerlos puré o tritúrelos con un machacador de

papas. Añade un poco de aceite de oliva virgen extra y pimienta negra al gusto. Vuelva a calentar si es necesario.

5.Para servir, coloca algunos de los garbanzos en cada plato. Rodear el puré con estofado de cordero. Se sirve caliente.

# Cordero al estilo cazador

## Agnello alla Cacciatora

**Rinde de 6 a 8 porciones**

*Los rumanos preparan este guiso de cordero con abbacchio, un cordero tan joven que nunca ha comido hierba. Creo que el sabor del cordero maduro combina mejor con el picante de romero picado, vinagre, ajo y anchoas que rematan la salsa.*

4 libras de paleta de cordero con hueso, cortada en trozos de 2 pulgadas

Sal y pimienta negra recién molida

2 cucharadas de aceite de oliva

4 dientes de ajo, picados

4 hojas frescas de salvia

2 ramitas (2 pulgadas) de romero fresco

1 taza de vino blanco seco

6 filetes de anchoas

1 cucharadita de hojas de romero frescas finamente picadas

2 a 3 cucharadas de vinagre de vino

1. Seca las piezas con toallas de papel. Espolvoréalas con sal y pimienta.

2. En una olla grande u otra olla profunda y pesada con tapa hermética, caliente el aceite a fuego medio. Agregue suficiente cordero para que quepa cómodamente en una sola capa. Cocine, revolviendo, para que se dore bien por todos lados. Transfiera la carne dorada a un plato. Continuar con el cordero restante.

3. Cuando todo el cordero se haya dorado, retiramos la mayor parte de la grasa de la sartén con una cuchara. Agrega la mitad del ajo, la salvia y el romero y revuelve. Agregue el vino y cocine por 1 minuto, raspando y removiendo los trozos dorados del fondo de la sartén con una cuchara de madera.

4. Regrese los trozos de cordero a la sartén. Reduzca el fuego a bajo. Tape y cocine, revolviendo ocasionalmente, durante 2 horas o hasta que el cordero esté tierno y se desprenda del hueso. Agrega un poco de agua si el líquido se evapora demasiado rápido.

5. Para hacer el pesto: Picar las anchoas, el romero y el ajo restante. Colócalos en un tazón pequeño. Agrega suficiente vinagre para formar una pasta.

**6.**Agrega el pesto al guiso y cocina a fuego lento durante 5 minutos. Se sirve caliente.

# Guiso de cordero, patatas y tomates

## Stufato di Agnello y Verdure

**Rinde de 4 a 6 porciones**

*Aunque suelo utilizar la paletilla de cordero para el guiso, en ocasiones utilizo restos de sobras de la pierna o pierna. La textura de estos cortes es un poco más masticable, pero requieren menos cocción y aun así son un buen guiso. Tenga en cuenta que en esta receta del sur de Italia, la carne se pone en la olla de una vez, por lo que solo se dora ligeramente antes de agregar los demás ingredientes.*

1 cebolla grande picada

2 cucharadas de aceite de oliva

2 libras de pierna o pierna de cordero deshuesada, cortada en trozos de 1 pulgada

Sal y pimienta negra recién molida al gusto.

1/2 taza de vino blanco seco

3 tazas de tomates enlatados, escurridos y picados

1 cucharada de romero recién picado

1 libra de papas cerosas hirviendo, cortadas en trozos de 1 pulgada

2 zanahorias, cortadas en rodajas de 1/2 pulgada de grosor

1 taza de guisantes frescos o congelados, parcialmente descongelados

2 cucharadas de perejil fresco picado

1. En una olla grande u otra olla profunda y pesada con tapa hermética, cocine la cebolla en aceite de oliva a fuego medio hasta que se ablande, aproximadamente 5 minutos. Agrega el cordero. Cocine, revolviendo con frecuencia, hasta que los trozos estén ligeramente dorados. Espolvorear con sal y pimienta. Añadir el vino y llevar a ebullición.

2. Agrega los tomates y el romero. Reduzca el fuego a bajo. Tape y cocine por 30 minutos.

3. Agrega las patatas, las zanahorias y sal y pimienta al gusto. Cocine a fuego lento durante 30 minutos más, revolviendo ocasionalmente, hasta que el cordero y las patatas estén tiernos. Agrega los guisantes y cocina por otros 10 minutos. Espolvorea con perejil y sirve inmediatamente.

# Guiso de cordero y pimientos

## Spezzato d'Agnello con peperone

**Rinde 4 porciones**

*El picante y el dulzor de los pimientos y la riqueza del cordero hacen que estos dos alimentos se combinen perfectamente. En esta receta, una vez dorada la carne no queda más que revolverla de vez en cuando.*

1/4 taza de aceite de oliva

2 kg de paleta de cordero deshuesada, cortada en trozos de 1 1/2 pulgada

Sal y pimienta negra recién molida al gusto.

1/2 taza de vino blanco seco

2 cebollas medianas, rebanadas

1 pimiento rojo grande

1 pimiento verde grande

6 tomates pera, pelados, deshuesados y picados

1. En una cacerola grande o en una cacerola, caliente el aceite a fuego medio. Seque el cordero con palmaditas. Agregue suficiente cordero a la sartén para que quepa cómodamente en una sola capa. Cocine, revolviendo, hasta que se dore por todos lados, aproximadamente 20 minutos. Transfiera el cordero dorado a un plato. Continúe cocinando el cordero restante de la misma manera. Espolvorea toda la carne con sal y pimienta.

2. Cuando toda la carne esté dorada retiramos el exceso de grasa con una cuchara. Agregue el vino a la olla y revuelva bien, raspando los trozos dorados. Llevar a ebullición.

3. Regresa el cordero a la olla. Agrega las cebollas, los pimientos y los tomates. Reduzca el fuego a bajo. Tapa la olla y cocina por 1 1/2 horas o hasta que la carne esté muy tierna. Se sirve caliente.

# Cazuela De Cordero Con Huevos

## Agnello Cacio y Uova

**Rinde 6 porciones**

*Dado que los huevos y el cordero están asociados con la primavera, es natural combinarlos en las recetas. En este plato, popular de una forma u otra en el centro y sur de Italia, los huevos y el queso forman una salsa ligeramente cremosa para un guiso de cordero. Es una receta típica de Pascua, así que si quieres prepararla para la mesa navideña, transfiere el guiso cocido a una bonita cacerola para hornear y servir antes de agregar los aderezos. Una combinación de pierna y paleta de cordero le da una textura más interesante.*

2 cucharadas de aceite de oliva

2 cebollas medianas

3 libras de pierna y paleta de cordero deshuesadas, despuntadas y cortadas en trozos de 2 pulgadas

Sal y pimienta negra recién molida al gusto.

1 cucharada de romero finamente picado

11/2 tazas caserascaldo de carneOSopa de polloo caldo de carne o pollo comprado en la tienda

2 tazas de guisantes frescos sin cáscara o 1 paquete (10 onzas) de guisantes congelados, parcialmente descongelados

3 huevos grandes

1 cucharada de perejil fresco picado

1/2 taza de pecorino romano recién rallado

1. Coloca una rejilla en el centro del horno. Precaliente el horno a 425° F. En una olla u otra olla profunda y pesada con tapa hermética, caliente el aceite a fuego medio. Agrega la cebolla y el cordero. Cocine, revolviendo ocasionalmente, hasta que el cordero esté ligeramente dorado por todos lados, aproximadamente 20 minutos. Espolvorear con sal y pimienta.

2. Agrega el romero y el caldo. Revuelva bien. Tape y hornee, revolviendo ocasionalmente, durante 60 minutos o hasta que la carne esté tierna. Añade un poco de agua tibia si es necesario para evitar que el cordero se seque. Agrega los guisantes y cocina por otros 5 minutos.

**3.** En un tazón mediano, bata los huevos, el perejil, el queso y la sal y pimienta al gusto hasta que estén bien combinados. Vierta la mezcla uniformemente sobre el cordero.

**4.** Hornee descubierto durante 5 minutos o hasta que los huevos estén cuajados. Servir inmediatamente.

## Cordero o cabra con patatas, a la siciliana

### Capretto o Agnello al Forno

**Rinde de 4 a 6 porciones**

*Baglio Elena, cerca de Trapani en Sicilia, es una granja en funcionamiento que produce aceitunas, aceite de oliva y otros alimentos. También es una posada donde el visitante puede parar a comer en un encantador comedor rústico o quedarse de vacaciones. Cuando lo visité, me sirvieron una cena de varios platos con especialidades sicilianas, que incluían varios tipos de aceitunas preparadas de diferentes maneras, un excelente salami elaborado en el lugar, una variedad de verduras y este sencillo guiso. La carne y las patatas se cuecen en un líquido distinto de una pequeña cantidad de vino y los jugos de la carne y las verduras, creando una sinfonía de sabores.*

*Kid está disponible en muchas carnicerías étnicas, incluidas las de Haití, Medio Oriente e Italia. Es tan parecido al cordero que puede resultar difícil notar la diferencia.*

3 libras de cabrito (cabrito) con hueso o paleta de cordero, cortado en trozos de 2 pulgadas

2 cucharadas de aceite de oliva

Sal y pimienta negra recién molida

2 cebollas, en rodajas finas

1/2 taza de vino blanco seco

1/4 cucharadita de clavo molido

2 ramitas (2 pulgadas) de romero

1 hoja de laurel

4 papas medianas para todo uso, cortadas en trozos de 1 pulgada

2 tazas de tomates cherry, cortados por la mitad

2 cucharadas de perejil fresco picado

1. Coloca una rejilla en el centro del horno. Precaliente el horno a 350° F. En una olla grande u otra olla profunda y pesada con tapa hermética, caliente el aceite a fuego medio. Seque el cordero con toallas de papel. Agregue suficiente carne para que quepa cómodamente en la olla sin que se amontone. Cocine, volteando los trozos con unas pinzas, hasta que se doren por todos lados, aproximadamente 15 minutos. Transfiera los trozos a un plato. Continúe cocinando la carne restante de la misma forma. Espolvorear con sal y pimienta.

**2.** Cuando toda la carne esté dorada, retira la mayor parte de la grasa de la sartén. Agregue la cebolla y cocine, revolviendo ocasionalmente, hasta que se ablande, aproximadamente 5 minutos.

**3.** Regresa la carne a la olla. Añadir el vino y llevar a ebullición. Cocine por 1 minuto, revolviendo con una cuchara de madera. Agrega los clavos, el romero, la hoja de laurel y sal y pimienta al gusto. Tapar la olla y transferir al horno. Cocine por 45 minutos.

**4.** Agrega las patatas y los tomates. Tape y cocine por 45 minutos más o hasta que la carne y las papas estén tiernas al pincharlas con un tenedor. Espolvorea con perejil y sirve caliente.

## Cazuela de patatas y cordero de Apulia

### Tiella de Agnello

**Rinde 6 porciones**

*Los guisos en capas al horno son una especialidad de Apulia. Se pueden elaborar con carne, pescado o verduras, alternando con patatas, arroz o pan rallado. Tiella es el nombre que recibe tanto este método de cocción como el tipo de alimento en el que se cocina la cazuela. La tiella clásica es un plato de terracota redondo y profundo, aunque hoy en día se suelen utilizar cacerolas de metal.*

*El método de preparación es el más inusual. Ninguno de los ingredientes está dorado ni precocido. Todo se coloca en capas y se hornea hasta que esté suave. La carne quedará bien cocida pero aún húmeda y deliciosa porque los trozos estarán rodeados de patatas. La capa inferior de patatas se derrite suave y tierna y está llena de carne y jugo de tomate, mientras que la capa superior queda tan crujiente como las patatas fritas, aunque mucho más sabrosa.*

*Para la carne utilizar trozos de pierna de cordero bien cortados. Compro media pierna de cordero en mariposa en el supermercado y luego la corto en trozos de 2 a 3 pulgadas en casa, quitando la grasa. Es perfecto para esta receta.*

4 cucharadas de aceite de oliva

2 kilos de patatas asadas, peladas y cortadas en rodajas finas

1/2 taza de pan rallado seco

1/2 taza de Pecorino Romano o Parmigiano-Reggiano recién rallado

1 diente de ajo finamente picado

1/2 taza de perejil fresco picado

1 cucharada de romero fresco picado o 1 cucharadita de romero seco

1/2 cucharadita de orégano seco

Sal y pimienta negra recién molida

2 1/2 libras de cordero deshuesado, despuntado y cortado en trozos de 2 a 3 pulgadas

1 taza de tomates enlatados escurridos, picados

1 taza de vino blanco seco

1/2 taza de agua

**1.** Coloca una rejilla en el centro del horno. Precaliente el horno a 400° F. Unte 2 cucharadas de aceite en una fuente para hornear de 13 × 9 × 2 pulgadas. Seque las patatas y extienda aproximadamente la mitad, ligeramente superpuestas, en el fondo de la sartén.

2. En un tazón mediano, mezcle el pan rallado, el queso, el ajo, las hierbas y la sal y pimienta al gusto. Unte la mitad de la mezcla de pan rallado sobre las patatas. Coloca la carne encima del pan rallado. Sasona la carne con sal y pimienta. Distribuya los tomates sobre la carne. Coloca las patatas restantes encima. Vierta el vino y el agua. Extienda el resto de la mezcla de pan rallado por todas partes. Rocíe con las 2 cucharadas restantes de aceite de oliva

3. Hornee durante 11/2 a 13/4 horas, o hasta que la carne y las papas estén tiernas al pincharlas con un tenedor y bien doradas por todas partes. Se sirve caliente.

# Pierna de Cordero con Garbanzos

## Stinco di Agnello con Ceci

**Rinde 4 porciones**

*Los mangos necesitan una cocción lenta y prolongada, pero cuando están listos, la pulpa está húmeda y casi se derrite en la boca. Si compra pierna de cordero en el supermercado, es posible que necesite un recorte adicional en la carne. Con un cuchillo para deshuesar pequeño, retire la mayor cantidad de grasa posible, pero deje intacta la fina capa de carne de aspecto nacarado conocida como piel plateada. Ayuda a que la carne mantenga su forma mientras se cocina. Utilizo patas para varias recetas que los italianos prepararían con su pierna de cordero más pequeña.*

2 cucharadas de aceite de oliva

4 patas pequeñas de cordero, finamente picadas

Sal y pimienta negra recién molida

1 cebolla pequeña picada

2 tazas de sopa de carne (caldo de carne)

1 taza de tomates pelados, sin semillas y picados

1/2 cucharadita de mejorana seca o tomillo

4 zanahorias, peladas y cortadas en trozos de 1 pulgada

2 tallos de apio, cortados en trozos de 1 pulgada

3 tazas de garbanzos cocidos o 2 latas (16 onzas), escurridos

1. En una olla lo suficientemente grande como para contener las cáscaras en una sola capa, u otra olla profunda y pesada con tapa hermética, caliente el aceite a fuego medio. Seque las piernas de cordero y dórelas bien por todos lados, aproximadamente 15 minutos. Inclina la sartén y retira el exceso de grasa con una cuchara. Espolvorear con sal y pimienta. Agrega la cebolla y cocina por otros 5 minutos.

2. Agrega el caldo, los tomates y la mejorana y deja hervir. Reduzca el fuego a bajo. Tapar y cocinar durante 1 hora, volteando las piernas de vez en cuando.

3. Agrega las zanahorias, el apio y los garbanzos. Cocine por 30 minutos más o hasta que la carne esté tierna al pincharla con un cuchillo pequeño. Se sirve caliente.

# Pierna de cordero con pimientos y prosciutto

## Brasato di Stinco di Agnello con pepperoni y jamón serrano

**Rinde 6 porciones**

*En Senagalia, en la costa adriática de las Marcas, comimos en la Osteria del Tempo Perso en el centro histórico de este encantador casco antiguo. Para mi primer plato, comí cappelletti, "tapas" rellenas de pasta fresca con salchicha y salsa de verduras, seguido de un estofado de cordero cubierto con coloridos pimientos morrones y tiras de prosciutto. En esta receta he adaptado los sabores del guiso a las piernas de cordero.*

4 cucharadas de aceite de oliva

6 piernas de cordero pequeñas, cortadas en rodajas

Sal y pimienta negra recién molida

1/2 taza de vino blanco seco

Ramita de 2 pulgadas de romero fresco o 1/2 cucharadita seca

11/2 tazascaldo de carne

2 pimientos rojos, cortados en tiras de 1/2 pulgada

1 pimiento amarillo, cortado en tiras de 1/2 pulgada

1 cucharada de mantequilla sin sal

2 onzas de prosciutto italiano importado en rodajas, cortado en tiras finas

2 cucharadas de perejil fresco picado

1. En una olla lo suficientemente grande como para contener los muslos de cordero en una sola capa, u otra olla profunda y pesada con tapa hermética, caliente el aceite a fuego medio. Seque las piernas de cordero con palmaditas. Dóralos bien por todos lados, volteándolos con unas pinzas, durante unos 15 minutos. Inclina la sartén y retira el exceso de grasa con una cuchara. Espolvorear con sal y pimienta.

2. Agregue el vino y cocine, raspando y removiendo los trozos dorados del fondo de la sartén con una cuchara de madera. Llevar a ebullición y cocinar durante 1 minuto.

3. Agregue el romero y el caldo y deje que el líquido hierva a fuego lento.

4. Cubra parcialmente la sartén. Reduzca el fuego a bajo. Cocine, volteando la carne de vez en cuando, hasta que el cordero esté muy tierno al pincharlo con un tenedor, aproximadamente de 11/4 a 11/2 horas.

**5.** Mientras se cocina el cordero, en una cacerola mediana, combine los pimientos, la mantequilla y 2 cucharadas de agua a fuego medio. Tape y cocine por 10 minutos o hasta que las verduras estén casi tiernas.

**6.** Añade al cordero los pimientos remojados y el jamón serrano junto con el perejil. Cocine sin tapar a fuego medio hasta que los pimientos estén tiernos, aproximadamente 5 minutos.

**7.** Con una espumadera, transfiera los muslos y los pimientos a la sartén caliente. Cubrir y mantener caliente. Si el líquido que queda en la sartén es demasiado líquido, aumente el fuego a alto y cocine a fuego lento hasta que se reduzca y espese un poco. Pruebe y ajuste los condimentos. Vierte la salsa sobre el cordero y sirve inmediatamente.

# Pierna de Cordero con Alcaparras y Aceitunas

## Stinchi di Agnello con alcaparras y aceitunas

**Rinde 4 porciones**

*En Cerdeña se suele utilizar carne de cabra para este plato. Los sabores del cordero y del cabrito son muy similares, por lo que las piernas de cordero son un buen sustituto y son mucho más fáciles de encontrar.*

2 cucharadas de aceite de oliva

4 patas pequeñas de cordero, finamente picadas

Sal y pimienta negra recién molida

1 cebolla mediana picada

3/4 taza de vino blanco seco

1 taza de tomates frescos o enlatados, pelados, sin semillas y picados

1/2 taza de aceitunas negras sin hueso, como Gaeta

2 dientes de ajo, finamente picados

2 cucharadas de alcaparras, escurridas y picadas

2 cucharadas de perejil fresco picado

1. En una olla lo suficientemente grande como para contener las cáscaras en una sola capa, u otra olla profunda y pesada con tapa hermética, caliente el aceite a fuego medio. Secar el cordero y dorarlo bien por todos lados. Retire el exceso de grasa con una cuchara. Espolvorear con sal y pimienta.

2. Esparza las cebollas alrededor del cordero y cocine hasta que estén suaves, aproximadamente 5 minutos. Agrega el vino y cocina por 1 minuto. Agrega los tomates y hierve. Reduce el fuego a bajo y tapa la sartén. Cocine a fuego lento durante 1 a 1/2 horas, volteando las piernas de vez en cuando, hasta que la carne esté muy tierna al pincharla con un cuchillo.

3. Agrega las aceitunas, el ajo, las alcaparras y el perejil y cocina por 5 minutos más, volteando la carne para cubrirla con la salsa. Se sirve caliente.

www.ingramcontent.com/pod-product-compliance
Lightning Source LLC
Chambersburg PA
CBHW071829110526
44591CB00011B/1276